新编21世纪职业教育精品教材

技能人才安全素养

主　编　余　峰　田风林　余长卫　李　娟
副主编　刘安仁　李远祥　刘金红　穆　建　卢秋根　乐小平
主　审　陈慧斌

中国人民大学出版社
·北京·

图书在版编目（CIP）数据

技能人才安全素养 / 余峰等主编. -- 北京：中国人民大学出版社，2025. 8. --（新编 21 世纪职业教育精品教材）. -- ISBN 978-7-300-34311-2

Ⅰ. X925

中国国家版本馆 CIP 数据核字第 2025WD1279 号

新编 21 世纪职业教育精品教材

技能人才安全素养

主　编　余　峰　田风林　余长卫　李　娟

副主编　刘安仁　李远祥　刘金红　穆　建　卢秋根　乐小平

主　审　陈慧斌

Jineng Rencai Anquan Suyang

出版发行	中国人民大学出版社		
社　　址	北京中关村大街 31 号	**邮政编码**	100080
电　　话	010－62511242（总编室）		010－62511770（质管部）
	010－82501766（邮购部）		010－62514148（门市部）
	010－62511173（发行公司）		010－62515275（盗版举报）
网　　址	http://www. crup. com. cn		
经　　销	新华书店		
印　　刷	北京密兴印刷有限公司		
开　　本	787 mm×1092 mm　1/16	**版　　次**	2025 年 8 月第 1 版
印　　张	10. 5	**印　　次**	2025 年 8 月第 1 次印刷
字　　数	226 000	**定　　价**	36. 90 元

前言

在科技飞速发展、社会结构日益复杂的今天，技能人才作为支撑国家产业转型与技术创新的核心力量，不仅需具备扎实的专业技能，更需具备全方位的安全素养。安全，是职业发展的基石，是生命价值的守护线，更是社会责任的具象体现。

本书立足新时代技能人才成长需求，以“知识赋能、预防为主、生命至上”为宗旨，系统构建涵盖意识培养、技能提升、法律认知与心理建设的安全教育框架，旨在培养兼具专业硬实力与安全软实力的新时代技术工匠。

本书紧扣技能人才学习、实训、就业的全周期场景，形成十大安全模块矩阵：从基础安全意识启蒙到国家安全责任担当，从校园风险防范到职场安全实战，既涵盖宿舍消防、实验室操作等日常规范，又聚焦网络诈骗、校园贷等新型挑战；既强调交通法规、急救技能等生存必备知识，又关注心理健康、职业防护等发展性需求。特别针对职业院校学生的特点，设置“实验室与实训安全操作规程”“防范校园欺凌”“远离不良嗜好”“就业陷阱及防范措施”等内容，将抽象的安全理念转化为可感知、易践行的行动指南。

在内容编排上，本书突出以下三大特色：

（1）系统性——构建“意识一知识一技能”递进式培养体系。

（2）场景化——覆盖校园、企业、社会三大安全场域。

（3）前瞻性——纳入人工智能时代的数字安全、心理健康等前沿议题。

例如，在“信息安全”一章深度解析电信诈骗套路，在“心理健康导航”一章设计压力管理内容，在“自然灾害防范与应对”一章融入气候危机应对策略，确保理论指导与实践应用紧密结合。

安全素养的培育非一日之功，需融入日常、化为习惯。本书既可作为职业院校安全教育教材，亦可作为技能人才终身学习的案头手册。期待每位读者通过系统学习，既能铸就“防患于未然”的敏锐意识，更能掌握“化险为夷”的实战能力，在追逐技术梦想的路上，始终让安全之灯照亮前行的方向。

编　者

2025 年 4 月

目录

第一章 安全意识与基础教育

学习目标

1. 提高安全意识，增强自我保护能力。在学习、生活实践中，养成良好的行为习惯，并能在学校、家庭及公共场所，对自己及他人有一定的保护能力。

2. 了解校园安全隐患，掌握安全知识，培养“珍爱生命、安全第一”的意识。

第一节 安全教育概述

案例分享

2024年11月16日宜兴市公安局发布通报称：2024年11月16日18时30分许，宜兴无锡工艺职业技术学院发生一起持刀伤人案件，共造成8人死亡、17人受伤，犯罪嫌疑人被当场抓获。

经调查，犯罪嫌疑人徐某金（男，21岁，该学院2024届毕业生）因考试不合格未拿到毕业证书以及对实习报酬不满，遂回校发泄行凶。

安全教育是素质教育的一部分，是人才保障的根本教育。由于学生对社会存在的灾害、事故重视不够，对犯罪行为认识不够，缺乏自我保护意识与防范心理，导致近年来职业院校学生意外伤害事故频发，严重危害学生的健康和财产安全。

一、什么是安全

“安”最早见于甲骨文，“宀”和“女”合起来组成“安”，意思是房子里有家眷，表示要在这里扎根居住。本义是平静，即《说文解字》所谓的“静也”，由此引申出“静止”“舒适”“稳妥”“没有危险”“使……稳定”“使……有合适的位置”“乐意”等含义。

安全是指没有受到威胁、危险、危害、损失。就人类整体而言，安全是指人类与生存环境的和谐相处，互相不伤害，不存在危险、危害的隐患，是免除了不可接受的损害风险的状态。

安全是人的基本需求。人的需求从低到高可以分为生理需求、安全需求、社交需求、尊重需求和自我实现需求。生理需求是人的物质需要和精神需要，是人的行为活动的原动力。然而，人只有活着才会有衣食住行等方面的需求，才会有对梦想和幸福的追求。对生命安全保障的需求是人的基本需求。

二、职业院校学生安全现状

1. 职业院校学生缺乏社会经验

职业院校学生大多数是首次离开父母住校，缺乏社会经验，尤其缺乏安全知识与法律知识，容易成为各种安全问题与案件的受害者。有些学生离开寝室忘记锁门，贵重物品如手机、现金、银行卡等随手乱放，遇到寝室被盗、被人勒索行凶或是遭遇意外伤害时不知道如何处理。

2. 职业院校学生交往存在安全隐患

随着社会经济与科技的不断发展，学生交往范围日趋扩大，学生交往除校园、家庭外，还有其他交友方式，如网上交友、手机游戏交友等，交友方式呈现多元化色彩，加之社会不良风气与影视文化给学生带来负面影响，这种多元化交友方式对于职业院校学生存在一些安全隐患。

三、职业院校学生安全教育的必要性

安全素质是人们的安全意识、安全知识和安全技能的总和。树立安全意识，要求善待生命，增强健康意识、风险意识、防范意识、科学意识和守法意识。安全教育是面向全社会的教育，对职业院校学生进行安全教育是提高职业院校学生安全素质的有效途径。

1. 安全教育是职业院校学生自身发展的必然需求

安全作为人成长过程中最基本的需求，是满足其他各项成长计划的保障条件。缺少健康的体魄和安全的环境，必然会破坏生活和生产的基础。职业院校学生唯有在安全环境中不断成长，才能使身心协调、健康发展。随着社会发展，职业学校校园的开放性不断增大，学生与社会接触的机会也越来越多，缺乏安全知识，疏于防范，会导致安全事故的发生，轻则影响情绪，重则造成伤残，甚至危及生命，影响学生自身发展。

2. 安全教育是建立和谐校园的必然要求

安全是构建和谐社会的重要内容之一，同时也是建立和谐校园的重要组成部分，建设平安、卫生、文明的校园，保证每个学生得到全面发展和健康成长，也是建设和谐校园的基本条件。学校是学生学习和生活的主要场所，也是安全教育的重要基地，为学生营造一个安全、阳光、健康的环境是重中之重，为学生建立一道坚固的安全防线也不可或缺。学生是建设和谐校园的参与者，也是安全校园的直接受益者，接受良好的安全教育对于减少校园暴力、预防传染病的校园传播和防止食物中毒等事件的发生具有重要的作用。

3. 安全教育是促进学生适应社会环境的重要手段

随着社会的进步和发展，学生的社交范围也不断扩大，交友的方式也呈现多元化、复杂化等特点，除了在校园和家庭之外，还出现了很多交友方式，如网络、娱乐场所等。由于职业院校学生涉世较浅，缺乏相关的经验，安全防范意识较差，自我保护能力、自控能力比较弱，容易受到来自社会的各种不良风气的影响，进而影响自身的身心健康。这个时间段也是职业院校学生的生活环境从校园向社会过渡的关键阶段，如果不掌握必要的安全常识，职业院校学生在社会融入、工作精力和发展持久性等方面都会受到影响。

4. 安全教育是实现素质教育的重要组成内容

对学生来说，教育的目的是促进全面发展，提高各方面的素质，使学生在未来生活中从容应对各种问题，并做出有效选择。学生的素质不仅包括当下社会所需的专业知识，更重要的是道德品质、完善人格、身心健康的协调发展。对于发展各项素质而言，安全素质是最重要的前提保障，是现代化社会中学生学习、生活和工作的基础性保障。

安全教育也是现代化教育的本质要求，是提高公民素质、维护个人权益、养成规则意识、建立良好社会秩序的保障，是降低各类事故发生率的有效举措。

知识考核

一、选择题

1. 下列选项中，最准确地描述了“安全”的含义的是（　　）。

A. 安静且舒适的环境

B. 免除了不可接受的损害风险的状态

C. 拥有大量的财富和地位

D. 随心所欲，不受任何约束

2. 安全素质是职业院校学生综合素质的重要组成部分，以下选项中的（　　）不属于安全素质的核心内容。

A. 安全意识　　B. 安全知识

C. 专业知识　　D. 安全技能

二、简答题

1. 为什么职业院校学生安全教育是建立和谐校园的必然要求。

2. 简述职业院校学生安全现状中存在的主要问题，并至少提出两点改善建议。

第二节 安全教育的原则和方法

案例分享

2023 年 2 月 16 日，浙江台州仙居县公安局在公众号发布警情通报：2 月 15 日 19 时 41 分许，110 接到报警，仙居县职业中专有人打架。接报后民警立即赶赴现场处置。4 名伤者第一时间被送医救治，其中 2 名重伤者经抢救无效死亡，另 2 名伤势较轻，无生命危险。涉案人员于 2 月 16 日均已到案。

职业院校学生安全教育是为提高职业院校学生在各种不同环境中的安全知识和技能、安全行为而进行的全面教育，并培养职业院校学生对安全现象的正确判断、自觉遵循安全规则和及时进行紧急处理的安全意识与技能。安全教育不仅是普及和传授安全知识的途径，更是创造良好安全环境的保障。为了达到安全教育的目的，必须遵循一些原则和方法。

一、安全教育的基本原则

1. 以预防为主

安全教育要从预防出发，在事故发生之前对关键部位和环节进行预测、预防，分析风险、危险并采取相应措施，从源头上消除事故隐患。

2. 科学性和系统性

安全教育必须基于科学理论和实践，建立起科学、系统的安全教育理论和方法，在实际操作中不断改进和完善。

3. 个性化和适应性

安全教育应根据不同个体的特点、需求和层次因材施教，采用不同的教育方法和手段，提高安全教育的个性化和适应性，并且注重提高心理和社会适应性教育。

4. 实践性和互动性

安全教育必须贴近生活实际，建立起与安全实践紧密联系的安全教育形式，通过互动、讨论、体验等方式，增强安全教育的实践性和互动性。

5. 灵活性和实效性

安全教育应根据不同的安全风险和不同的应急情况，灵活选择教育内容、教育形式和教育对象，以最大限度发挥安全教育的实效性。

二、安全教育的实施方法

1. 通识教育

通识教育是在人群中普及安全知识和技能的一种方法。它通过课堂讲授、多媒体演示、广播和电视等方式，传达基本的安全知识，及时发布相关信息，并对重点安全问题和应急处理方法进行强化培训和宣传，提高公众的安全意识和适应能力。

2. 职业教育

职业教育是为特定岗位的人群提供专业技能和安全知识的一种方式。它通过开展专业培训和技能鉴定，为从事特定职业的人员提供必要的安全知识和技能，消除工作中的安全隐患，增强员工的安全责任和意识。

3. 游戏教育

游戏教育是一种生动、有趣的安全教育方式，可采用模拟样板、角色扮演等形式，在游戏中体验安全操作方式和行为规范，透过情境与场景，深入了解安全风险与其应对措施，增强安全观念和动力。

4. 交流互动

交流互动是在群体中进行安全教育的一种方式。它通过实验课堂、万人演练等互动教育形式，增强团队之间的安全协作力度，共同掌握危险事故的应对策略，增强风险意识和安全策略的可行性和执行力。

5. 特种教育

特种教育是面向特殊人群、特殊岗位和特殊情况的安全教育，由拥有相关专业资质和教学经验的人员提供培训，以提高这些特殊行业从业人员的安全知识和技能，并制定相应的安全管理制度和应急预案，实现从多个层次提高安全水平的目标。

通过建立科学有效的安全教育体系和掌握适合的教育方法，可以更好地实施安全教育工作，预防和减少安全事故发生，最大限度地保障人民生命财产安全，推动社会和谐发展。

三、职业院校学生安全教育的方式方法

职业院校学生安全教育应遵循全面化、多样化的原则，旨在提升学生的安全意识、自我保护能力和应对突发事件的能力。以下是职业院校学生安全教育的一些主要方式。

1. 开设安全教育课程

（1）纳入教学计划：将安全教育纳入学校的教学计划，确保每位学生都能接受系统的安全教育。

（2）内容丰富多样：课程内容应涵盖交通安全、日常生活安全、活动安全、自然灾害中的自我保护、社会治安教育、意外事故处理等多个方面。

（3）结合实际案例：引用社会上的真实案例，特别是与学生生活贴近的案例，以增强教育的说服力和可信度。

2. 常态化开展安全宣传与教育

（1）安全宣传：利用宣传挂图、安全科教电影、电视、幻灯片等多种形式进行安全宣传，营造良好的安全氛围。

（2）专题讲座：邀请公安、交通、司法等部门的人员进校开展专题讲座，从专业角度解读安全知识。

（3）安全展览：举办安全教育展览，以直观的方式展示安全事故的危害和预防措施。

3. 实践活动与体验教育

（1）安全演练：定期组织学生进行防空、地震、火灾等紧急疏散演练，让学生亲身体验并掌握避险、逃生、自救的方法。

（2）实地参观：组织学生参观消防站、交通指挥中心等场所，了解相关安全知识。

（3）主题班会：开展安全主题班会，让学生通过改编歌曲、小品等形式接受安全教育。

4. 以点带面，树立榜样

（1）教师示范：教师应以身作则，遵守安全规范，为学生树立榜样。

（2）选拔优秀学生：选拔遵守安全规范表现优秀的学生作为榜样，引导其他学生养成良好的安全行为习惯。

5. 制度约束与家校共育

（1）制定安全规章制度：学校应制定完善的安全规章制度，明确师生的安全行为规范，对违反规定的行为进行及时纠正和处罚。

（2）家校共育：学校应与学生家长保持密切联系，共同关注学生的安全教育问题。家长应配合学校做好学生的安全监护工作，确保学生在校外的安全。

6. 利用现代科技手段

（1）安全教育平台：利用现代科技手段，如安全教育平台、App 等，为学生提供便捷的相关学习资源。

（2）安全提示系统：在校园内设置安全提示系统，如安全提示屏、语音提示等，时刻提醒学生注意安全。

综上所述，职业院校学生安全教育的方式应多元化、系统化、常态化，通过多种途径和方法提升学生的安全意识和自我保护能力。

知识考核

选择题

1. 下列安全教育形式中，通过互动、讨论、体验等方式来加强安全教育的是（　　）。

A. 讲座式教育　　B. 填鸭式教学

C. 实践性和交互性教育　　D. 自学式教育

2. 主要通过课堂讲授、多媒体演示等方式，在人群中普及安全知识和技能的安全教育方法是（　　）。

A. 通识教育　　B. 职业教育
C. 游戏教育　　D. 特种教育

3. 安全教育实施方法中的职业教育的主要目的是（　　）。

A. 为人群普及安全知识
B. 提高特定岗位人员的安全技能和知识
C. 通过游戏方式增强安全观念
D. 专为特殊人群制定安全管理制度

4. 以下安全教育方式中的（　　）采用模拟样板、角色扮演等形式，让学习者在游戏中体验安全操作。

A. 通识教育　　B. 职业教育
C. 游戏教育　　D. 交流互动

5. 特种教育主要针对的人群是（　　）。

A. 广大公众　　B. 特定岗位人员
C. 特殊行业和岗位的工作人员　　D. 青少年学生

6. 关于职业院校学生安全教育的方式方法，以下选项中的（　　）不属于常态化安全宣传与教育的范畴。

A. 利用宣传挂图、安全科教电影等进行安全宣传
B. 邀请公安、交通等部门的人员进校开展专题讲座
C. 定期组织学生进行火灾等灾害事故的紧急疏散演练
D. 举办安全教育展览，展示安全事故的危害和预防措施

7. 在职业院校学生安全教育中，以下措施中的（　　）旨在通过制度约束与家校共育来提升学生的安全意识。

A. 将安全教育纳入学校的教学计划，确保每位学生都能接受系统的安全教育
B. 学校制定完善的安全规章制度，并与学生家长保持密切联系，共同关注学生的安全教育问题
C. 利用安全教育平台、App 等现代科技手段，为学生提供便捷的相关学习资源
D. 在校园内设置安全提示系统，如安全提示屏、语音提示等，时刻提醒学生注意安全

第三节 提升防范意识

案例分享

职校生王某与李某在实习期间，被安排使用油压机压制一批铁板成型。带班师傅先对他们讲解了要求，进行了安全教育，强调了注意事项，然后让他们开始工作。王某和李某做了一会儿后，觉得一人操作一人监护，完全没有必要，于是两人借师傅去旁边指导其他同学之际，悄悄分工，王某负责入料，在放好料后通知李某，李某得到王某的指令后操作把手冲压。几次之后，两人觉得熟练了，很新鲜很兴奋，开始放松警惕。一次王某在放料时，李某向旁边的同学小声炫耀二人的“杰作”，未听清王某的指令就操作了压杆，王某的手被击伤，造成骨折。

在快速变化的现代社会中，提升防范意识已成为我们每个人必须面对的重要课题。无论是在日常生活中，还是在学习、工作中，我们面临着各种各样的风险挑战。从网络安全到交通安全，从食品安全到健康保健，每一个环节都需要我们具备相应的防范意识，都需要我们时刻保持警惕，增强自我保护能力。提升防范意识并非一蹴而就的过程，而是需要我们不断地学习和实践。

一、提升防范意识需要学习的内容

1. 安全意识培养

让学生认识到安全的重要性，了解各类安全事故可能带来的严重后果，从而主动形成安全防范的意识和习惯。

2. 安全知识学习

学习防火、防盗、交通安全、网络安全等基本知识，掌握基本的自我保护和应对突发事件的能力。

3. 安全行为规范

学习如何遵守学校和社会的安全规章制度，包括不参与危险活动，不接触危险物品，不进入危险区域等方面。

二、提升防范意识的方法

1. 重视教育与宣传

学校应定期举办安全主题班会、安全教育月等活动，通过案例分析和图片展示的形式向学生展示安全事故的危害，引起学生的共鸣。

学校利用广播、电视、网络等途径，进行安全知识的普及，如防火、防盗、交通安全等方面的知识。

邀请安全教育人员来学校开展讲座，提高学生对安全问题的认识和警惕性。

2. 潜移默化的影响

将安全防范教育融入日常教育教学工作中，例如在实验课上进行安全操作的引导，让学生学会如何正确认识危险品、危险区域、危险场所。

在日常管理中，制定相关制度，使学生养成安全意识。

3. 组织安全演练

学校应定期组织安全演练活动，如火灾逃生演练、地震避险演练等，让学生在实践中学会如何应对紧急情况，提高他们的处置能力和应变能力。

4. 家校合作

学校需要与家长建立良好的合作机制，共同培养学生的安全防范意识。例如，定期邀请家长参加安全教育讲座，让家长参与到学生的安全教育工作中来。

5. 倡导文明安全的生活方式

鼓励学生关注身边的安全风险，不轻信陌生人、不从事危险活动、不乱扔杂物等。

鼓励学生在日常生活中注意交通安全、食品安全、网络安全等，提高自我保护意识和能力。

6. 实践教育

可以通过实践教育的形式，让学生参与社会实践和实地考察，了解社会环境中可能存在的安全隐患和风险。

组织学生参观消防站、警察局等，让学生了解到这些机构的工作内容和重要性。

通过以上方法，可以有效地提升职业院校学生的安全防范意识，确保他们的人身安全。只有具备了足够的防范意识，职业院校学生才能更好地保护自己和他人的安全。

三、中职生应增强哪些方面的防范意识

1. 国家安全意识

职业院校学生应牢固树立国家安全意识，警惕危害国家安全的活动，如可疑人员的调查、境外媒体的煽动造谣等。

2. 交通安全意识

（1）遵守交通规则：过马路时要特别小心，注意观察交通信号灯和车辆动态，不闯红灯、不逆行、不占用机动车道。同时，乘坐交通工具时要系好安全带，不在车辆行驶过程中将头或手伸出窗外。

（2）提高自我保护能力：在校外道路上行走或骑行时，要保持警惕，注意避让车辆，特别是在拐弯、路口等地方。夜间时，尽量避免单独行走，最好结伴而行。

3. 日常生活安全意识

（1）防火防盗防诈骗：了解火灾发生的诱因，掌握火灾报警常识和逃生自救的方法。

管理好自己的物品，不给盗窃分子可乘之机。同时，提高警惕，防止上当受骗，尤其要警惕网络诈骗和电信诈骗。

（2）用电安全：不要用湿手、湿布触摸电器外壳，发现绝缘层损坏的电线、灯头、开关、插座等，要及时报告并请专人检修。避免在宿舍使用大功率电器、乱拉乱接电线等违章用电行为。

4. 活动安全意识

（1）校内校外活动安全：参加体育活动前要了解自己的身体状况，认真检查运动场地和运动器材，消除安全隐患。外出游玩时避免到人烟稀少、环境阴暗偏僻的地方去。同时，要遵守活动规则，不做危险动作。

（2）实验实训安全：在进行实验实训时，要听从老师的指导，严格遵守操作规程。未经许可不得进入实验保管室和实验操作室接触危险物品。

5. 网络安全意识

努力学习网络知识、技能，提高操作水平，自觉维护网络安全。上网要做到“三不”和“三上”：不进营业性网吧、不进色情垃圾网站、不沉迷于网络游戏；健康上网、文明上网、绿色上网。

6. 心理健康意识

（1）关注自我情绪变化：职业院校学生处于青春期，情绪波动较大，应关注自我情绪变化，学会调节情绪，避免因情绪问题导致的不良行为或决策。

（2）寻求帮助：遇到心理困扰时，应及时向老师、家长或专业心理咨询师寻求帮助。

综上所述，职业院校学生应建立的防范意识涵盖了公共安全、交通安全、日常生活安全、活动安全、网络安全以及心理健康等多个方面。这些防范意识的建立将有助于他们在学习生活中更好地保护自己，避免危险和伤害。

知识考核

选择题

1. 下列选项中的（　　）不属于提升防范意识需要学习的内容。

A. 安全意识培养　　B. 心理健康辅导

C. 安全知识学习　　D. 安全行为规范

2. 在提升防范意识的方法中，（　　）强调了通过实际演练来增强学生的应急处理能力。

A. 重视教育与宣传　　B. 潜移默化的影响

C. 组织安全演练　　D. 家校合作

3. 学校在提升职业院校学生防范意识时，（　　）更侧重于通过日常教育教学工作进行潜移默化的教育。

A. 举办安全主题班会

B. 邀请警察来校开展讲座

C. 在实验课上进行安全操作引导

D. 组织学生参观消防站

4. 下列措施不是家校合作在提升职业院校学生防范意识方面的体现的是（ ）。

A. 定期邀请家长参加安全教育讲座

B. 家长监督学生完成安全作业

C. 学校制定并执行严格的安全规章制度

D. 家长参与制定学生的安全行为规范

第二章 国家安全

学习目标

1. 了解什么是国家安全。
2. 知道新时代坚持总体国家安全观的内涵和涉及领域。
3. 了解邪教组织的危害。
4. 培养国家安全意识、法治观念、爱国情感，提高自我保护能力。

第一节 国家安全概述

案例分享

在校大学生庄某通过 QQ 群找到一份兼职，根据境外间谍情报人员的要求，在某军港附近进行地图信息采集。庄某多次拍摄军事目标及附近街道店铺、路况等，将照片通过电子邮箱发送给对方。庄某还通过长焦镜头观测及租船出海抵近观察等方式，先后 10 次赴某海军舰队驻地观察搜集信息。庄某因为境外非法提供国家秘密罪被判处有期徒刑 5 年 6 个月，剥夺政治权利 1 年。

一、什么是国家安全

《中华人民共和国国家安全法》于 2015 年 7 月 1 日第十二届全国人民代表大会常务委员会第十五次会议正式通过。这是一个综合性、全局性、基础性的国家安全法。《中华人民共和国国家安全法》第 2 条规定："国家安全是指国家政权、主权、统一和领土完整、人民福祉、经济社会可持续发展和国家其他重大利益相对处于没有危险和不受内外威胁的状态，以及保障持续安全状态的能力。"

国家安全工作应当坚持总体国家安全观，以人民安全为宗旨，以政治安全为根本，以经济安全为基础，以军事、文化、社会安全为保障，以促进国际安全为依托，维护各领域国家安全，构建国家安全体系，走中国特色国家安全道路。

为了体现总体国家安全观的要求，《中华人民共和国国家安全法》从政治安全、国土安全、军事安全、经济安全、文化安全、社会安全、科技安全、信息安全、生态安全、资源安全、核安全等 11 个领域对国家安全工作进行了明确。

二、国家安全法律

我国不断加强国家安全法治建设，逐渐形成以《中华人民共和国国家安全法》为核心，以《中华人民共和国反间谍法》《中华人民共和国反恐怖主义法》《中华人民共和国核安全法》《中华人民共和国网络安全法》《中华人民共和国生物安全法》《中华人民共和国数据安全法》等法律法规为主要内容的国家安全法治体系。

2020 年 6 月 30 日，第十三届全国人民代表大会常务委员会第二十次会议通过《中华人民共和国香港特别行政区维护国家安全法》，防范、制止和惩治与香港特别行政区有关的分裂国家、颠覆国家政权、组织实施恐怖活动和勾结外国或者境外势力危害国家安全等犯罪，成为维护香港稳定与繁荣的定海神针和国家安全法治体系的重要组成部分。此外，《中华人民共和国刑法》中也有关于危害国家安全的相关罪名。例如，煽动分裂国家罪、煽动颠覆国家政权罪，叛逃罪，间谍罪，为境外窃取、刺探、收买、非法提供国家秘密、情报罪等。其中对国家和人民危害特别严重、情节特别恶劣的，最高可判处死刑。

三、公民应当履行的义务

公民应当履行下列维护国家安全的义务：

（1）遵守宪法、法律法规关于国家安全的有关规定。这是公民维护国家安全的首要义务，要求公民在日常生活中严格遵守相关法律法规，不从事任何危害国家安全的活动。

（2）及时报告危害国家安全活动的线索。公民一旦发现危害国家安全的活动或线索，应立即向有关部门报告，以便及时采取措施，防止危害发生或扩大。

（3）如实提供所知悉的涉及危害国家安全活动的证据。公民在了解涉及危害国家安全活动的证据时，应如实向有关部门提供，不得隐瞒或伪造证据。

（4）为国家安全工作提供便利条件或者其他协助。公民应积极为国家安全工作提供便利条件，如配合有关部门进行调查、提供必要的信息等，以支持国家安全工作的顺利开展。

（5）向国家安全机关、公安机关和有关军事机关提供必要的支持和协助。在国家安全机关、公安机关和军事机关需要公民提供支持和协助时，公民应积极响应，提供必要的帮助。

（6）保守所知悉的国家秘密。公民在了解国家秘密时，应严格保守国家秘密，不得泄露给任何无关人员或组织。

（7）法律、行政法规规定的其他义务。除了上述义务外，公民还应履行法律、行政法规规定的其他与国家安全有关的义务。

知识考核

选择题

1.《中华人民共和国国家安全法》正式通过的日期是（　　）。

A. 2014 年 7 月 1 日　　B. 2015 年 7 月 1 日

C. 2016 年 7 月 1 日　　D. 2017 年 7 月 1 日

2. 下列选项中的（　　）不是《中华人民共和国国家安全法》中明确指出的最基本、最核心的国家安全领域。

A. 国民安全　　B. 领土安全

C. 网络安全　　D. 军事安全

3. 下列法律中的（　　）是 2020 年通过，旨在维护香港特别行政区国家安全的。

A.《中华人民共和国反间谍法》

B.《中华人民共和国网络安全法》

C.《中华人民共和国香港特别行政区维护国家安全法》

D.《中华人民共和国生物安全法》

4. 根据《中华人民共和国国家安全法》及相关法律法规，公民在维护国家安全方面应当履行的义务不包括（　　）。

A. 及时报告危害国家安全活动的线索

B. 为国家安全工作提供便利条件或其他协助

C. 公开讨论并传播涉及国家安全的敏感信息

D. 保守所知悉的国家秘密

第二节 防范邪教组织

案例分享

李某是皖南医学院的一名学生。2019 年 3 月，因在校期间精神空虚，李某经同学介绍后接受“全能神”。自此，她每周两次参与“全能神”邪教组织的“洗脑”活动。2019 年 6 月前后，她开始正式参加“全能神”邪教组织的聚会，并在暑假期间被邪教组织训练，参与制作邪教视频。

此后不久，“全能神”邪教组织要求李某放弃学业。李某便伪造病历，向学校谎称患有抑郁症。2020 年，她从皖南医学院办理退学手续，回到安徽省蚌埠市从事邪教活动。近一年后，李某被“全能神”邪教组织任命为小区头目。

2022 年 6 月，李某被公安机关抓获。为教育挽救李某等人，蚌埠市有关部门开设了集中教育转化班。李某在认清了“全能神”邪教组织的本质后，交代了其信教经历以及参与“全能神”邪教组织活动的有关情况。

目前，各种邪教组织将其魔爪伸向大中专院校学生，甚至伸向教师，向他们灌输歪理邪说，控制他们的思想、言论、行动自由，甚至摧残他们的身体，剥夺他们的生命。

一、邪教的概念及危害

1. 邪教的概念

邪教组织是指冒用宗教、气功或者其他名义建立，神化首要分子，利用制造、散布迷信邪说等手段蛊惑、蒙骗他人，发展、控制成员，危害社会的非法组织。

《中华人民共和国刑法》第 300 条规定：“组织、利用会道门、邪教组织或者利用迷信破坏国家法律、行政法规实施的，处三年以上七年以下有期徒刑，并处罚金；情节特别严重的，处七年以上有期徒刑或者无期徒刑，并处罚金或者没收财产；情节较轻的，处三年以下有期徒刑、拘役、管制或者剥夺政治权利，并处或者单处罚金。组织、利用会道门、邪教组织或者利用迷信蒙骗他人，致人重伤、死亡的，依照前款的规定处罚。犯第一款罪又有奸淫妇女、诈骗财物等犯罪行为的，依照数罪并罚的规定处罚。”

2. 邪教的危害

邪教通过教主崇拜、精神控制、教唆煽动等手段，残害生命，破坏家庭，扰乱社会，制造犯罪。邪教组织不仅摧残人们的身心健康、危害人们的生命和财产安全，还严重扰乱社会秩序、危害国家安全和公共安全。

3. 邪教的本质

邪教的本质是反人类、反社会、反科学，残害生命。

二、青少年误陷邪教组织的原因分析

1. 社会经验缺乏

对于大多数职业院校学生而言，他们经历的世事不多，辨别真伪是非的能力还不是很强，还不能完全分辨出生活中的“真善美”“假恶丑”，特别容易受到邪教组织的蛊惑。而一些邪教组织正是利用职业院校学生人生经验不足这一特点，在他们中间挖空心思地发展“信徒”，通过各种卑劣手段把一些职业院校学生拉入了邪教组织的泥潭，使他们长久地生活在痛苦之中。

2. 渴望了解更多的知识，却没能找到正确的方向

对职业院校学生来说，学业压力不是很大，学校较为自由轻松的环境以及多彩的生活让他们时常感到莫名的兴奋与冲动。但同时，他们又对许多事情与问题充满了困惑。他们求知欲望十分强烈，对很多新鲜事物满怀好奇，并且希望可以亲身去尝试。他们已

经不满足于仅仅在课堂上获取知识，希望通过各种途径感知更多的有关社会与人生以及未来的信息。一些邪教组织也紧紧抓住这一可乘之机，以各种面目设法取得学生的信任，并通过各种媒介、各种形式把他们荒谬的人生观、社会观与歪理邪说灌输给一些学生。

三、崇尚科学，反对邪教

1. 青少年远离邪教的意义

青少年正处于成长的阶段，生理、心理发育尚不成熟，对整个世界尚未形成科学的认识，对于邪教的危害了解不够。同时，青少年又具有可塑性强的特点，容易被邪教所迷惑。因此，我们要提高警惕，树立科学的人生观，采取有效措施，远离邪教。

2. 职业院校学生应该怎样做

职业院校学生应该崇尚科学，反对邪教。职业院校学生要倡导“学科学、爱科学、用科学”，努力掌握科学文化知识，相信真理，相信科学，远离愚昧，用科学把我们的祖国建设得更加繁荣昌盛，把我们的祖国装点得更加美好。

知识考核

选择题

1. 邪教组织通常利用（　　）来蛊惑、蒙骗他人。

A. 宣扬科学知识和理性思考

B. 冒用宗教、气功或其他名义，制造、散布迷信邪说

C. 举办合法的公益活动

D. 遵守国家法律法规，进行正常的宗教活动

2. 青少年容易误陷邪教组织的主要原因不包括（　　）。

A. 社会经验缺乏，辨别真伪是非能力不强

B. 渴望了解知识，但没找到正确的学习途径

C. 家庭环境优越，父母过度溺爱

D. 对新鲜事物充满好奇，容易被邪教组织的歪理邪说所吸引

3. 职业院校学生应该（　　），有效防范邪教组织的影响。

A. 追求物质享受，忽视了精神追求

B. 盲目崇拜偶像，不加辨别地接受信息

C. 崇尚科学，反对邪教，努力学习科学文化知识

D. 频繁参与各类社会活动，不加选择地结交朋友

第三章 校园生活安全指南

学习目标

1. 了解教学区有哪些常见的安全事故。
2. 了解如何有效预防教学区安全事故。
3. 掌握避免发生安全事故的措施和方法。
4. 提高校园安全意识，培养自我保护能力。

第一节 宿舍安全

案例分享

2024年5月11日，河北师范大学汇华学院一栋宿舍楼不幸发生火灾。经了解，发生火灾的原因是一名学生使用笔记本电脑后未关机，也未拔下电源，电脑散热故障引燃床上可燃物。所幸火灾未造成人员伤亡。

一、宿舍用电安全

随着人们生活水平的不断提高，生活中用电的地方越来越多了。因此，我们有必要掌握一些基本的用电安全常识。宿舍的用电安全常识如下：

（1）认识电源总开关，学会在紧急情况下断开电源。

（2）不用湿手触摸电器，不用湿布擦拭电器。

（3）宿舍禁止使用高功率电器，例如热得快、电热棒、电热杯、电饭锅等，并严禁乱拉电线。

（4）发现电器有冒烟、冒火花、发出焦煳异味等情况，应立即关掉电源开关，停止使用。

（5）发现有人触电要设法及时断开电源，或者用干燥的木棍等物将触电者与带电的电器分开，不要直接用手救人。

二、宿舍防火常识

宿舍的防火常识如下：

（1）严禁使用明火。宿舍内严禁使用煤气灶、酒精炉、煤油炉等明火做饭，防止因操作不当引燃周围可燃物，造成火灾。

（2）严禁在宿舍里吸烟。吸烟引发火灾呈上升势头，有的学生在宿舍偷偷抽烟，抽完烟后将烟头乱丢，一旦未熄灭的烟头掉到纸篓、垃圾堆或者其他易燃物上面，很容易引起火灾。

三、宿舍防盗知识

宿舍是学生学习和生活的重要场所，保障宿舍内财物安全至关重要。

1. 日常防范措施

（1）养成随手锁门习惯。无论离开宿舍时间长短，都要及时锁门，包括短暂离开去洗漱、打水、串门等。很多盗窃案件就发生在学生认为“很快回来”的疏忽时刻。夜间休息时，也要确保门窗关闭并上锁，防止不法分子趁夜潜入。

（2）妥善保管钥匙。不要将钥匙随意借给他人，防止钥匙被复制或丢失后被他人利用。如果钥匙丢失，应立即更换锁芯，消除安全隐患。不要将钥匙放在宿舍门框、窗台等容易被发现的地方。

（3）注意宿舍门窗安全。定期检查门窗是否牢固，如有损坏及时报修。晚上睡觉或长时间离开宿舍时，要确保窗户插销插好，防止他人从窗户翻入。对于低楼层的宿舍，学校应安装防盗网或防盗窗，增加安全系数。

（4）不轻易留宿外人。宿舍是集体生活空间，不要随意留宿非本宿舍人员，避免给不法分子可乘之机。如果有同学或朋友来访，应安排在宿舍公共区域接待，避免让其单独留在宿舍内。

2. 财物保管技巧

（1）贵重物品妥善存放。现金、银行卡、手机、电脑等贵重物品要妥善保管，不要随意放在桌面、床上等显眼位置。可考虑使用带锁的抽屉、柜子或保险箱存放贵重物品，增加安全性。

（2）重要证件分开存放。身份证、学生证等重要证件不要与银行卡、现金等放在一起，防止丢失后被他人冒用。建议将重要证件复印一份，复印件与原件分开存放，以备不时之需。

（3）外出时减少财物暴露。

外出时尽量减少携带贵重物品和大量现金，避免引起他人注意。使用背包或挎包时，要将包放在身前或视线范围内，防止被他人顺手牵羊。

3. 增强安全意识

（1）警惕陌生人。在宿舍内遇到陌生人敲门或询问情况时，要保持警惕，不要轻易开门或透露个人信息。如果发现可疑人员或异常情况，要及时向宿舍管理员或学校保卫处报告。

（2）不参与盗窃行为。要树立正确的价值观和道德观，不参与任何盗窃行为，包括偷拿他人财物或协助他人盗窃。如果发现同学或朋友有盗窃行为，要及时劝阻并向老师或学校保卫处报告。

（3）了解防盗知识。积极参加学校组织的防盗安全教育活动，了解常见的盗窃手段和防范方法。关注学校保卫处或宿舍管理员发布的防盗安全提示，及时掌握最新的安全信息。

4. 应对盗窃事件

（1）保持冷静。如果发现宿舍被盗，要保持冷静，不要惊慌失措或随意翻动现场物品。立即保护好现场，防止破坏证据或给不法分子销毁证据的机会。

（2）及时报警。第一时间拨打学校保卫处电话或当地警方报警电话，说明被盗情况、时间、地点和损失物品等信息。配合警方调查取证工作，提供必要的线索和证据。

（3）报告学校。向学校辅导员或班主任报告被盗情况，以便学校及时采取措施保障学生安全。关注学校后续处理情况，如有需要可配合学校进行相关调查或处理工作。

四、宿舍防意外伤害教育

在宿舍中注意安全，防止意外伤害发生，包括以下几方面：

（1）回宿舍后按学校作息时间休息，不要串宿舍。

（2）宿舍床铺及其他设施出现问题，及时到值班室报修。

（3）上下床铺时需要注意安全。

（4）不在楼梯、楼道、宿舍内追逐打闹。

（5）不在宿舍内存放管制刀具、大型运动器械等违禁物品。

知识考核

一、选择题

1. 当发现寝室被盗时，以下处置方法中，正确的是（　　）。

A. 立即报告学校保卫部门

B. 翻动现场的物品，检查被盗情况

C. 觉得找回来的可能性不大，不如不报案

D. 整理好寝室被翻乱的物品，等候学校处理

2. 万一宿舍发生火灾，火场逃生的原则是（　　）。

A. 抢救国家财产为上

B. 安全撤离、救助结合

C. 先带上日后生活必需钱财要紧

D. 逃命要紧

二、判断题

下列行为是否安全？

1. 使用刀具时，互相比画、打闹。（　　）
2. 用湿手触摸电器，用湿布擦拭电器。（　　）
3. 用手或金属制品去接触插头底部。（　　）
4. 将宿舍门的钥匙放在窗口。（　　）
5. 夏天晚上为了凉快而开门睡觉。（　　）

第二节 消防安全与紧急疏散演练

案例分享

2025 年 2 月 18 日，贵州省六盘水市高新区消防救援大队联合航宇高级中学开展了一场夜间疏散逃生演练活动。演练模拟学生宿舍楼突发“火灾”，部分学生“被困”。值班管理人员在第一时间拉响警报，并迅速拨打 119 报警电话。学校立即组织学生穿越“烟雾”区域，有序逃离“火场”，并在指定位置进行人数清点，发现 2 名“被困”人员位于 4 楼宿舍。消防员到达现场后，利用 54 米登高平台消防车成功解救出了“被困”学生。

一、消防安全

1. 火灾的危害

火灾不仅毁坏物质财产，造成社会秩序的混乱和生态平衡的破坏，还直接或间接危害生命。国家消防救援局发布了 2024 年国家综合性消防救援队伍应急出动和全国火灾情况：2024 年，全国消防救援队伍共接报火灾 90.8 万起，亡 2 001 人、伤 2 665 人，直接财产损失 77.4 亿元。接报较大火灾 70 起、亡 249 人，分别比 2023 年减少 2 起、10 人；接报重大火灾 3 起、亡 44 人，分别比 2023 年减少 2 起、46 人；接报特别重大火灾 1 起，与 2023 年持平。

2. 发生火灾的三要素

火灾发生的三要素是：可燃物、助燃物和火源。

（1）可燃物：可燃物是指能与空气中氧或氧化剂反应发生燃烧的物质，如可燃固体、气体、液体等。

（2）助燃物：助燃物是指能帮助支持和导致燃烧的物质，如空气、氧气、氧化剂等。

（3）火源：火源是引起可燃物质燃烧的热能源，如明火、灼热物体、金属撞击火花、电火花、静电放电、雷电、聚光化学品自燃等。

3. 火灾形成的可能原因

引发火灾的原因有很多，主要包括人的不安全因素、物的不安全状况、自然灾害、管理上的缺陷等。

根据火灾数据分析，绝大多数的火灾都是由吸烟、用火用电不慎、违反安全规定操作等人为因素引发的。

常见的火灾原因包括：

（1）用火不慎，指人们因思想麻痹大意，或者因用火安全制度不健全、不落实以及不良生活习惯等造成火灾的行为。

（2）违反电器安装使用安全规定，或者电线老化或超负荷用电。

（3）违章操作，指违反安全操作规定等造成火灾的行为，如在易燃物旁进行焊接等。

（4）放火，指蓄意造成火灾的行为。

（5）吸烟，指乱扔烟头，或卧床吸烟等易引发火灾的行为。

（6）玩火，指儿童、阿尔茨海默病人或智力障碍者因玩火柴、打火机而引发火灾的行为。

（7）自然原因，如雷击、地震、自燃、静电等。

除了上面提到的七种主要引起火灾的原因外，原因不明和其他原因造成的火灾所占比例也不低。

4. 防火的基本措施

防火的基本措施包括以下四个方面：

（1）控制可燃物。用非燃或不燃材料代替易燃或可燃材料；采取局部通风或全部通风的方法，降低可燃气体、蒸气和粉尘的浓度；将可以发生化学反应的物品分开存放。

（2）隔绝易燃物。就是使可燃性气体、液体、固体不与空气、氧气或其他氧化剂等助燃物接触，即使有着火源作用，也因为没有助燃物参与而不致发生燃烧。

（3）消除着火源。就是严格控制明火、电火，并防止静电、雷击等引起火灾。

（4）阻止火势蔓延。就是防止火焰或火星等火源窜入有燃烧、爆炸危险的设备、管道或空间，或阻止火焰在设备和管道中扩展，或者把燃烧限制在一定范围，不致向外延烧。

5. 灭火的基本方法

（1）隔离法：将着火的位置或物体与其周围的可燃物隔离或将其移开，燃烧就会因为缺少可燃物而停止。

（2）窒息法：阻止空气流入燃烧区或用不燃烧的物质冲淡、隔绝空气，使燃烧物得不到足够的氧气而熄灭。

（3）冷却法：将灭火剂直接喷射到燃烧物上，以降低燃烧物的温度。

（4）抑制法：这种方法是用含氟、溴的化学灭火剂喷向火焰，让灭火剂参与燃烧反应，使游离基连锁反应（俗称燃烧链）中断，达到灭火的目的。

以上方法可根据实际情况，采取一种或多种并用，以达到迅速灭火的目的。

6. 灭火器的使用方法

灭火器是生活中常见的防火救灾设备，常见的灭火器有：泡沫灭火器、干粉灭火器、二氧化碳灭火器、水基型灭火器。使用灭火器有四字口诀：

（1）提：抓住灭火器把手将它正向提起来，保持竖立状态，站到上风向或侧风向，使用前晃动几下。

（2）拔：使用前拔下保险销。

（3）瞄：将灭火器喷嘴对准火焰根部。

（4）压：保持按压灭火器的手柄，进行灭火。灭火器在灭火期间要保持竖立状态。

7. 怎样报火警

（1）牢记火警电话 119。没有电话或没有消防队的地方，如农村和边远山区，可以打锣、敲钟、吹哨、喊话向四周报警，动员乡邻一起来灭火。

（2）报警时要讲清着火单位、所在区（县）、街道、胡同、门牌或乡村地址。

（3）说明什么东西着火，火势怎样。

（4）讲清报警人姓名、电话号码和住址。

（5）报警后要安排人到街道口等候消防车，给消防车指引去火场的道路。

（6）遇有火情，不要围观。有的人出于好奇，会围观消防车。这既有碍于消防人员工作，也不利于消防安全。

注意：不能随意乱打火警电话。假报火警是扰乱公共秩序、妨碍公共安全的违法行为。如发现有人假报火警，要加以制止。

8. 火场逃生

火场逃生的基本原则如下：

（1）保持冷静的头脑和稳定的心态。

（2）迅速撤离危险区，不要贪恋财物。

（3）加强个人防护，防止或减少烟气的侵害。

（4）穿过烟火区时，要爬行或尽量使身体贴近地面。

（5）千万不要乘坐电梯逃生。

（6）身上着火可就地打滚或用厚重的衣物压灭火焰，不可奔跑。

（7）不能盲目开启门窗，以避免火势迅速发展。

（8）不要盲目跳楼逃生。

二、紧急疏散演练

随着社会发展和人口增加，学校安全问题越来越受到重视。为了保护师生的生命安全，学校要进行常规的紧急疏散演练。紧急疏散演练可以帮助教师和学生熟悉紧急疏散流程，保障他们在紧急情况下的生命安全。

1. 学校紧急疏散演练的重要性

学校紧急疏散演练对学校和社会都非常重要。

（1）提高疏散速度和效率。学校必须确保在紧急情况下能够高效地疏散师生。通过定期的紧急疏散演练，学校可以提高教师和学生的紧急疏散意识和能力，让他们知道如何快速疏散，并高效实施。

（2）保护生命安全。在紧急情况下，生命安全是至关重要的。为了确保学生和教师的安全，学校需要制订可行的疏散计划，并提供适当的疏散指示和训练。

（3）消除恐慌。在紧急情况下，人们常常会因为恐慌而无法冷静行动。通过日常的紧急疏散演练，让教师和学生熟悉必须遵守的规则和程序，可以消除恐慌。

2. 制定学校紧急疏散演练方案

学校紧急疏散演练一般由紧急疏散委员会负责组织。紧急疏散委员会必须包括以下成员：学校领导干部代表一名、安全管理负责人一名、校医一名、学生代表三名、教师代表三名、保卫人员一名。

紧急疏散演练应该完全贴近实际情况，并要针对不同情况和场所制定不同的解决方案。演练流程如下：

（1）指示声响起：提示发生紧急情况，所有人必须立即离开教室或宿舍，前往避险场地。

（2）教师及时引导学生行动：教师需确保学生安全、有序地迅速离开教室，并保持冷静。

（3）教师向学生指明安全出口：教师应带领学生找到安全出口，并保持安全出口的畅通。每个班级都应该有一个预定的出口，以避免混乱和迷失。

（4）迅速离开：所有学生应迅速离开教学楼。

（5）集合：离开教学楼后，学生应在预定地点集合等待。

（6）清点人数：检查所有学生和教师是否都已经安全离开教室并在预定地点集合。

（7）停止演练：当所有学生和教师都安全离开学校教学楼或到达预定地点集合时，停止演练并总结、检讨演练成效。

知识考核

选择题

1. 以下对火灾报警电话描述不正确的是（　　）。

A. 119 报警电话是免费的

B. 发生火灾时任何人都可以无偿拨打 119

C. 为了演练，平时可以拨打 119

D. 拨打 119 后，要安排人员为消防车指示道路

2. 遇到火灾时沉着、冷静、迅速、正确逃生，要做到（　　）。

A. 不贪恋财物　　B. 不乘坐电梯

C. 不盲目跳楼　　D. 以上全对

3. 学校进行紧急疏散演练的主要目的是（　　）。

A. 提高学生的体育成绩　　B. 增强学生的环保意识

C. 保障师生在紧急情况下的生命安全　　D. 推广校园文化

4. 紧急疏散演练中，（　　）对于确保学生安全、有序地离开教室至关重要。

A. 指示声响起后立即冲出教室　　B. 教师应及时引导学生行动并保持冷静

C. 学生自行寻找最快的出口并离开　　D. 集合后自由活动，等待进一步指示

5. 紧急疏散委员会中，（　　）负责提供医疗支持和急救措施。

A. 各级领导干部代表　　B. 安全管理负责人

C. 校医　　D. 学生代表

6. 在紧急疏散演练中，学生离开教室后应（　　）。

A. 立即回家　　B. 自行寻找安全地点

C. 在预定地点等待　　D. 回到教室等待进一步指示

7. 紧急疏散演练结束后，（　　）是确保所有师生安全的重要环节。

A. 立即解散，恢复正常教学

B. 清点人数并确认所有学生和教师都已安全离开

C. 清理演练现场

D. 召开总结会议讨论改进方案

第三节 校园体育活动安全

案例分享

王某、谢某均为滕州某校体育特长生。2024 年 1 月，王某、谢某与其他同学在校内自愿参加体育训练并投掷铅球。训练过程中，王某到投掷区域内查看铅球落点时，被谢某投掷的铅球砸中，当场受伤。事故发生后，经医院治疗，共支出医疗费六万余元。后经依法鉴定，王某的损伤构成十级伤残。

一、体育课上学生的着装和准备

体育课上，学生应正确着装，并做好必要的准备。

（1）穿着应朴素大方，宽松合体，但也不要过于肥大。

（2）衣服上不要有过多饰物，如链子、珠子等。

（3）如果可能，尽量穿校服或者运动服，这样的衣服更适合运动。

（4）穿球鞋或者运动鞋、布鞋等。女生要摘掉发卡，或者把发卡换成皮筋、头绳等软的饰物。

（5）上体育课前，要把衣兜里的东西取出来，尤其是胸针、校徽、别针、小刀等坚硬物品，避免摔倒时扎伤自己。

（6）运动前，要检查自己的服饰有没有不安全的因素，如飘带、长围巾等，如果有，要把它们塞在衣服内，或者解下来。

（7）根据老师的要求做好准备活动，避免肌肉拉伤、扭伤。

（8）运动时要听从老师的安排，尤其是在进行器械运动时，要仔细听老师的讲解，掌握好要领后再开始运动。投掷运动要听口令，不能乱扔乱投。

二、体育课的安全事项

体育课是锻炼身体、增强体质的重要课程。体育课的内容是多种多样的，因此特别要注意安全。

（1）短跑等项目要按照规定的跑道进行，不能串跑道。

（2）跳远时，必须严格按老师的指导进行助跑、起跳。

（3）在进行投掷训练时，一定要按老师的口令进行。

（4）在进行单、双杠训练时，器械下面必须铺设厚度符合要求的垫子。

（5）在做跳马、跳高练习时，一定要有保护措施。

（6）在做垫上运动（前后滚翻等）项目时，要严肃认真，不能打闹，以免发生扭伤。

（7）参加篮球、足球等项目的训练时，要学会保护自己，自觉遵守竞赛规则对于安全是很重要的。

三、运动的选择

根据体内物质代谢的情况，运动可分为有氧运动和无氧运动。

1. 有氧运动

有氧运动也称有氧代谢运动，是指人体在氧气充分供应的情况下进行的体育锻炼。有氧运动的好处是可以提升氧气的摄取量，能更好地消耗体内多余的热量；特点是强度低、有节奏、持续时间较长。通过这种锻炼，能充分消耗体内的糖分，增强和改善心肺功能，预防骨质疏松，还可提高肌体对疾病的抵抗能力，抗衰老，增加脂肪消耗，改善胰岛素敏感性，帮助控制血糖，还可以调节心理和精神状态，是健身的主要运动方式。

有氧运动的运动强度一般为中等强度或略高于中等强度。常见的有氧运动项目包括步行、快走、慢跑、滑冰、瑜伽、游泳、骑自行车、跳绳、跳舞、韵律操、一般性对抗的球类运动。

2. 无氧运动

无氧运动是指人体肌肉在无氧供能代谢状态下进行的运动。但日常生活中我们所认为的无氧运动是指肌肉在“缺氧”状态下的高速剧烈运动。无氧运动大部分是负荷强度高、瞬间性强的运动，运动后心率可达 150 次/分钟左右，呼吸急促，所以很难长时间持续，而且疲劳消除需要的时间也长。

常见的无氧运动项目有短跑、举重、投掷、跳高、跳远、拔河、俯卧撑、潜水、肌力训练等。研究发现，通过无氧运动可以提高人体的肌肉力量和爆发力，增加肌肉体积，提高运动速度。

3. 两者选择

选择有氧运动还是无氧运动，首先要看自己的锻炼目的是什么以及个人的实际情况。有氧运动的强度相对较低，比较安全，人体各器官的负荷也相对较小，不易出现伤害事故。无氧运动强度相对较高，人体各器官承受的负荷也相对较大，可以更好地提高其工作能力。对于年轻人来说，想提高身体素质、提高肌体承受剧烈运动的能力，必须安排一定比例的无氧运动。而年纪相对较大的人，则应该以有氧运动为主，可适量地做一些无氧运动。

四、参加运动会的注意事项

运动会的竞赛项目多、持续时间长、运动强度大、参加人数多，安全问题十分重要。参加运动会的注意事项如下：

（1）要遵守赛场纪律，这是确保安全的基本要求。

（2）没有比赛项目的同学要在指定的地点观看比赛。

（3）参加比赛前做好准备活动，以使身体适应比赛。

（4）在临赛的等待时间里，要注意身体保暖，春秋季节应当在轻便的运动服外穿上防寒外衣。

（5）临赛前不可吃得过饱或者过多饮水。

（6）比赛结束后，不要立即停下来休息。

五、体育活动伤害的预防

身体活动伤害，指活动中和活动后发生的疾病，如外伤和急性心血管事件。运动本身是造成身体活动伤害的一个诱发因素，但也可以是直接致病因素。

运动锻炼的风险与效益并存，有益健康的身体活动必须适度。适度的含义包括身体活动的形式、时间、强度、频度、总量及注意事项等方面的计划和实施。运动锻炼有助于促进健康、预防疾病，但安排不当也有发生意外伤害的风险。

为避免体育活动伤害，应注意：

(1) 锻炼时量力而行、循序渐进，并采取必要的保护措施。

(2) 学习安全知识，注重自我监测运动中的不适症状。

(3) 掌握发生意外时的应急处置技能。

(4) 平常很少活动的人、中老年人、患者和有潜在疾患的人，在开始锻炼和增加活动量时应进行必要的健康筛查和运动能力评估。

(5) 较大强度的身体活动对心肺功能有更好的改善作用，但也易引起运动伤害，因此更应合理安排运动量。

知识考核

选择题

1. 在体育课上，学生应（　　），以避免安全隐患。

A. 穿着紧身牛仔裤和高跟鞋

B. 佩戴链子、珠子等饰物

C. 穿着宽松合体的校服或运动服

D. 将胸针、小刀等坚硬物品放在衣兜里

2. 体育课进行单杠、双杠训练时，以下必要的安全措施是（　　）。

A. 不需要任何垫子，直接进行训练

B. 使用厚度不符合要求的垫子

C. 器械下面铺设厚度符合要求的垫子

D. 无须老师指导，自行进行训练

3. 参加篮球、足球等运动项目时，为了安全应（　　）。

A. 不需要遵守竞赛规则，自由发挥

B. 随意冲撞，展现个人技巧

C. 学会保护自己，自觉遵守竞赛规则

D. 忽视队友和对手的安全

4. 运动后大量出汗，以下做法中正确的是（　　）。

A. 立即洗冷水澡降温

B. 立即吃冷饮或冰棒解渴

C. 用干毛巾擦干身体，稍后用热水擦身或沐浴

D. 不做任何处理，直接休息

5. 下列关于有氧运动和无氧运动特点的描述，错误的是（　　）。

A. 有氧运动强度低、有节奏、持续时间较长

B. 无氧运动大部分是负荷强度高、瞬间性强的运动

C. 有氧运动后心率可达 150 次/分钟左右、呼吸急促

D. 无氧运动疲劳消除的时间较慢

6. 以下关于运动伤害预防的说法，不正确的是（　　）。

A. 平常很少活动的人，在开始锻炼时应进行必要的健康筛查和运动能力评估

B. 较大强度的身体活动对心肺功能有更好的改善作用，所以应尽量安排较大强度的运动

C. 运动锻炼应量力而行、循序渐进，并采取必要的保护措施

D. 运动出汗后不能立即洗冷水澡，应用干毛巾擦干身体，最好歇息一段时间后用热水擦身或沐浴

7. 下列运动项目中，属于无氧运动的是（　　）。

A. 游泳　　B. 跳绳

C. 举重　　D. 韵律操

第四节 常见运动伤害及其预防

案例分享

2024 年 10 月，小陈在参加学校组织的运动会接力项目时不慎摔倒，身体压到右手，造成右尺桡骨骨折。小陈受伤后，老师立即将其送往医院治疗。治疗期间，学校垫付了全部的医疗费用共计 75 000 余元。

一、肌肉拉伤

肌肉拉伤是指由于肌肉的猛烈收缩或被动牵伸超过了肌肉本身所能承担的限度，而引起的肌肉组织损伤。

1. 症状与体征

有明显的受伤史、疼痛、肿胀（严重者皮下淤血）、压痛，肌肉收缩试验阳性（严重者肌肉收缩畸形，如：部分断裂——伤处凹陷；肌腹完全断裂——“双驼峰”畸形；一

端短裂——“球状”畸形)，功能障碍。

2. 处理

(1) 肌肉微细损伤或少量肌纤维断裂：①冷敷、加压包扎、抬高患肢等；②疼痛严重者，可口服止痛药；③24 小时后，外敷新伤药、痛点注射、理疗或按摩等。

(2) 肌纤维大部分断裂或肌肉完全断裂，经现场应急处理后，尽快送往医院治疗。

3. 预防

(1) 要做好准备活动。

(2) 加强易伤部位的锻炼。

(3) 运动负荷要合理。

(4) 掌握正确的技术动作。

二、关节韧带拉伤

关节韧带拉伤是指在间接外力作用下，关节发生超范围的活动而引起的关节韧带损伤。

1. 膝关节内侧副韧带损伤

(1) 症状与体征：①膝内侧疼痛（局部压痛明显）；②膝内侧红肿（2～3 天后）淤血；③屈伸活动受限（半腱肌、半膜肌等保护性痉挛）；④若内侧韧带完全断裂，则关节间隙增宽和小腿异常外展。

(2) 处理方法：①冷敷、加压包扎，若侧副韧带完全断裂，需用夹板固定；②24～48 小时后，外敷新伤药，痛点注射；③按摩、理疗（3 天后）、针灸等；④及早进行功能锻炼；⑤对韧带完全断裂者，应及时送往医院进行手术缝合。

(3) 预防方法：①加强股四头肌的力量性练习；②加强保护与自我保护；③避免犯规与粗野动作。

2. 踝关节外侧韧带损伤

(1) 症状与体征：①有受伤史；②疼痛（压痛明显）；③肿胀和皮下淤血；④出现跛行或功能丧失；⑤若韧带完全断裂，则关节间距增宽，出现超常内翻。

(2) 处理方法：①冷敷、加压、包扎、抬高患肢；②24～48 小时后，外敷新伤药；③按摩、针灸、理疗、痛点注射等；④及早进行功能锻炼；⑤若韧带完全断裂，经冷敷、加压包扎后及时送医院进行治疗。

(3) 预防方法：①活动准备要充分；②加强足部力量及踝关节的稳定性与协调性的练习；③完善场地设施；④提高自我保护能力。

三、胫腓骨疲劳性骨膜炎

胫腓骨疲劳性骨膜炎是初次参加运动训练的人，尤其是青少年较常见的运动损伤，有典型的运动史、发病史和反复疼痛史。

1. 症状与体征

（1）疼痛。疼痛多为隐痛或牵扯痛，严重者会出现刺痛或烧灼感，个别有夜间痛。疼痛部位为胫骨内侧中下段及腓骨外侧缘下段。

（2）肿胀。急性期出现凹陷性水肿。

（3）压痛。局部骨面上有压痛，并可触摸到硬块，压之锐痛（晚期）。

2. 处理

（1）早期症状较轻者：①减少下肢的跑跳练习；②进行局部热敷和外周按摩；③用弹力绷带包扎患部，并抬高患肢。

（2）症状严重者：①停止跑跳练习；②用弹力绷带包扎并抬高患肢；③中药外敷、按摩、针灸、理疗等。

3. 预防

（1）合理安排运动量，注意改进训练方法。

（2）避免在坚硬的地面上过多地进行跑跳练习。

（3）要及时消除小腿部的肌肉疲劳。

四、膝关节半月板损伤

1. 症状与体征

（1）有明显的受伤史。

（2）疼痛。由于滑膜受牵扯而疼痛；若半月板损伤没有牵扯滑膜则疼痛不明显。

（3）压痛。关节间隙内侧或外侧疼痛。

（4）肿胀。早期有积血和积液，慢性期常有少量积液。

（5）响声。

（6）绞锁。

（7）严重者出现股四头肌萎缩。

2. 处理

（1）控制伤部活动，避免加重损伤。

（2）肿胀明显者，可通过穿刺法抽取积血与积液。

（3）采用石膏或夹板于膝关节微屈位固定 2～3 周。

（4）加强股四头肌的功能锻炼。

（5）解除固定后，可采用按摩、针灸、理疗和中药外敷等疗法。

3. 预防

（1）要做好充分的准备活动。

（2）合理安排局部的负荷量。

（3）提高膝关节的稳定性和灵敏性。

（4）加强保护与自我保护。

五、脑震荡

1. 症状与体征

（1）精神恍惚或意识丧失（数秒至 30 分钟不等）。

（2）呼吸表浅、脉搏缓慢、肌肉松弛、瞳孔扩大但左右对称、神经反射减弱。

（3）清醒后，短时间内反应迟钝，出现“逆行性遗忘”，还伴有头痛、头晕、恶心或呕吐等症状。

2. 处理

（1）使患者安静平卧，头部冷敷，并注意保暖。

（2）昏迷者，刺激人中、内关、涌泉等穴位，呼吸障碍者进行人工呼吸。

（3）昏迷超过 5 分钟，瞳孔扩大且不对称，耳、鼻、口出血及眼球青紫，清醒后有剧烈疼痛、喷射式呕吐或再次出现昏迷者，说明脑组织损伤或继发颅内压增高，应立即送往医院抢救。

（4）患者清醒后仍需卧床休息，直到头痛、恶心等症状完全消失，以免引起后遗症。

（5）患者康复后，可用闭目举臂、单足站立平衡试验来判断其能否参加体育活动。

3. 预防

注意纠正错误动作，提高自我保护能力，遵守体育比赛规则。

六、骨折

1. 症状与体征

（1）患处会形成血肿，同时附近软组织受到损伤也会出现水肿。

（2）出现青色或紫色的瘀斑，触之疼痛感强烈，若是要移动伤处则疼痛感更甚。

（3）活动功能受到很大限制。

（4）骨骼的中断处出现异常的活动骨擦感或者发出骨擦音。

2. 处理

（1）封闭伤口。

对骨折伴有伤口的患者，应立即封闭伤口。最好用清洁、干净的布片或衣物覆盖伤口，再用布带包扎。包扎时不宜过紧，也不宜过松。过紧会导致伤肢的缺血性坏死，过松则起不到包扎作用，同时也起不到压迫止血的作用。如有骨折端外露，注意不要将骨折端放回原处，应继续保持外露，以免引起深部感染。如将骨折端放回原处，应给予注明，并在后送时向医生交代清楚。

（2）止血。

用手压迫止血，如出血量较大，应以手将出血处的上端压在邻近的骨突或骨干上。用清洁的纱布、布片压迫止血，再以宽的布带缠绕固定，要适当用力但又不能过紧。不要用电线、铁丝等直径较细的物品止血。如有止血带，可用止血带止血；如无止血带，可用布带止血。上肢出血时，止血带应放在上臂的中上段，不可放在下 1/3 或肘窝处，以防损伤神经；下肢止血时，止血带宜放在大腿中段，不可放在大腿下 1/3、膝部或腿上段。用止血带时，要放置衬垫。用止血带的时间上肢不超过 1 小时，下肢不超过 1.5 小时。

（3）临时固定。

尽可能保持伤肢于伤后位置，不要任意牵拉或搬运患者。最好用夹板固定，如无夹板可就地取材。在条件不满足的情况下，可利用自身固定，如上肢可固定在躯体上、下肢可利用对侧固定、手指可与邻指固定。

（4）伤员搬运。

①现场搬运：单纯的颜面骨折、上肢骨折，在做好临时固定后可搀扶伤员离开现场。膝关节以下的下肢骨折，可背运伤员离开现场。其他类型的骨折需现场搬运的，应在专业人员的指导下进行。

②途中搬运。伤员在车上宜平卧。一般情况下，禁用头低位，以免加重脑出血、脑水肿。如遇昏迷患者，应将其头偏向一侧，以免呕吐物被吸入气管，发生窒息。

患者头部应与车辆行进的方向相反，以免晕厥，加重病情。护送中，如患者有生命危险，应一边抢救一边护送。

3. 预防

通过运动改善身体平衡，增强体力。

七、肌肉痉挛

1. 症状与体征

肌肉痉挛是指肌肉突然而剧烈发生的痉挛性或紧张性疼痛，出现肌肉僵硬、疼痛难耐，往往无法立刻缓解，处理不当时会造成肌肉的损伤。

2. 处理

以小腿肌肉痉挛的处理为例进行说明：改卧位为坐位，伸直抽筋的腿，用手紧握前脚掌，忍着剧痛，向外侧旋转抽筋的那条腿的踝关节，剧痛立止。旋转时动作要连贯，一口气转完一周，中间不能停顿。旋转时，如是左腿，按逆时针方向进行；如是右腿，按顺时针方向进行。如有人帮助，因是面对面施治，与施治者的方向正好相反，而脚关节的旋转方向不变。要领是将足向外侧一扳，紧跟着折向大腿方向并旋转一周，旋转时要用力，脚掌上翘要达到最大限度。

八、体育运动中出现问题的正确处理

1. 运动出汗后需要注意的问题

运动时有大量盐分随汗液排出体外，所以在运动后喝点加盐的温开水是有好处的。运动出汗后千万不能立即洗冷水澡，应用干毛巾擦干身体，最好歇息一段时间后用热水擦身或沐浴，换上干燥衣物以防感冒。

2. 运动后不要马上喝冷饮

运动后马上喝冷饮和吃冰棒对身体是不好的，因为这样做既不符合生理规律，也不符合卫生要求。一是容易导致胃肠道功能紊乱，久而久之，就会产生腹胀、腹泻和消化不良等各种疾病。二是容易引起腹痛，甚至出现肌肉痉挛，严重者会出现绞痛。此外，在剧烈运动时，咽喉部位的黏膜处于充血状态，运动后马上吃冷饮或冰棒，易引起咽喉疼痛或声音嘶哑现象。

3. 脚扭伤时应如何处理

脚扭伤多发生于奔跑、下台阶不慎或其他剧烈活动时，由于关节用力不均、过猛，造成关节不正常扭转，损伤了踝关节周围的组织。脚扭伤后关节局部淤青肿痛，活动受限。较轻的扭伤不需要特殊处理，可在扭伤的部位用冷水敷或外用一些红花油等。如果局部肿胀疼痛明显，应卧床休息，抬高患肢，以利消肿，同时应去医院做外敷等治疗，扭伤 1～2 天后才能用热毛巾或热水袋热敷。

知识考核

选择题

1. 肌肉拉伤的处理中，对于肌肉微细损伤或少量肌纤维断裂，下列选项中的（　　）措施是不合适的。

A. 冷敷、加压、包扎、抬高患肢

B. 疼痛严重者，可口服止痛药

C. 立即进行大量运动以促进恢复

D. 24 小时后，外敷新伤药、痛点注射、理疗或按摩等

2. 膝关节内侧副韧带损伤的症状中，不包括（　　）。

A. 膝内侧疼痛

B. 膝内侧红肿、淤血

C. 屈伸活动自如

D. 若内侧韧带完全断裂，则关节间隙增宽和小腿异常外展

3. 踝关节外侧韧带损伤的处理中，若韧带完全断裂，下列选项中的（　　）措施是必要的。

A. 仅进行冷敷和加压包扎

B. 抬高患肢后即可继续活动

C. 经冷敷、加压包扎后及时送医院进行治疗

D. 无须特殊处理，自然恢复

4. 胫腓骨疲劳性骨膜炎的预防措施中，不包括下列选项中的（　　）。

A. 合理安排运动量，注意改进训练方法

B. 避免在坚硬的地面上过多地进行跑跳练习

C. 增加下肢的跑跳练习强度，以提高耐力

D. 要及时消除小腿部的肌肉疲劳

5. 关于脑震荡的处理，下列选项中的（　　）描述是错误的。

A. 使伤员安静平卧，头部冷敷，并注意保暖

B. 昏迷者，应立即进行人工呼吸

C. 昏迷超过 5 分钟，瞳孔扩大且不对称，应立即送往医院抢救

D. 伤员清醒后，即可立即参加体育活动

6. 骨折的处理步骤中，关于止血的描述，下列选项中的（　　）是正确的。

A. 用电线、铁丝等直径较细的物品止血

B. 用止血带止血时，上肢止血带应放在上臂的下 1/3 处

C. 用止血带止血时，下肢止血带宜放在大腿中段

D. 止血带使用时间，上肢可超过 2 小时

7. 肌肉痉挛的处理中，对于小腿肌肉痉挛，下列处理中正确的是（　　）。

A. 改卧位为坐位，伸直抽筋的腿，用手紧握前脚掌，向外侧旋转抽筋的那条腿的踝关节

B. 立即进行剧烈运动以缓解痉挛

C. 无须处理，等待自然恢复

D. 用力拉伸痉挛的肌肉

第五节　实验室与实训安全操作规程

案例分享

2021 年 7 月 27 日，广州某大学药学院 505 实验室在清理通风柜时发现之前毕业生遗留在烧瓶内的未知白色固体。一博士研究生用水冲洗时发生炸裂，炸裂产生的玻璃碎片刺破该生手臂动脉血管。在场同学和老师及时进行施救，120 救护车将受伤学生送至广东省中医院大学城医院进行处理，后经医院协调转至广州和平骨科医院（原广州和平手外科医院）。经治疗后该学生伤情得到控制，无生命危险。

一、实验室安全管理规定

1. 化学实验室的安全知识

在化学实验室里，储存摆放着各种各样的化学药品，可以进行各种化学实验。在实验过程中要接触一些易燃、易爆、有毒、有害、有腐蚀性的药品，且经常使用水、气、火、电等，潜藏着诸如爆炸、着火、中毒、灼伤、割伤、触电等危险性事故。这些事故

的发生常会带来严重的人身伤害和财产损失。如果我们掌握相关的实验室安全知识以及事故发生时的应急处理知识，就能够正确、安全地使用化学药品及实验器材。

（1）在化学实验室要遵循的规则。

①进实验室前，应对本次实验进行预习，掌握操作过程及原理，弄清所有药品的性质。预估可能发生危险的实验，在操作时注意防范。严禁将食品及饮料带入实验室内。

②实验室内严禁烟火，也不能在实验室内点火取暖；严禁闲杂人员入内；充分熟悉安全用具，如灭火器、急救箱的存放位置和使用方法；安全用具及急救药品不准移作他用。

③盛药品的容器上应贴上标签，注明名称、溶液浓度。严禁随意混合各种化学药品，以免发生事故。

④实验时根据实验的情况和性质进行必要的防护。根据实验可能发生的危险佩戴必要的防护器具，例如穿好实验服，戴橡胶手套、防护面具、防毒面具等。

⑤危险药品要专人、专类、专柜保管，实行双人双锁管理制度。各种危险药品要根据其性能、特点分门别类贮存，并定期进行检查以防意外事故发生。

⑥有毒药品不得进入口腔及接触伤口，不得私自将药品带出实验室。

⑦熟悉电气开关、灭火器的位置及操作方法，以便在发生事故时能够迅速寻找应急物品。

⑧会产生有刺激性或有毒气体的实验必须在通风橱内进行；使用易燃试剂时，必须远离火源。

⑨浓酸、浓碱具有强烈的腐蚀性，使用时要特别小心，切勿使其溅在衣服或皮肤上。废酸应倒入酸缸，但不要往酸缸里倾倒碱液，以免酸碱中和放出大量的热而发生危险；稀释浓硫酸时应将其慢慢注入水中，切勿将水直接倒入浓硫酸中。

⑩实验中所用药品不得随意散失、遗弃，对反应中产生有气体的实验应按规定处理，以免污染环境，影响人体健康。实验后的处理工作，亦属实验过程的组成部分。

特别不可忽略对回收溶剂和废液、废弃物等的处理。实验完毕后，对实验室做一次系统的检查，随手关好门窗，做好防火、防盗、防破坏工作。实验完毕后洗净双手再离开实验室。

（2）使用危险药品的注意事项。

①使用危险物质前，要充分了解所使用物质的性状，特别是着火、爆炸及中毒的危险性。

②贮藏危险药品通常要避免阳光照射，贮藏于阴凉的地方。注意不要混入异物，并且必须与火源或热源隔开。

③使用剧毒及强烈刺激性的药品时，要准备好橡皮手套、防毒面具等防护用具。

（3）预防火灾。

①易燃液体。二硫化碳、乙醚、石油醚、苯和丙酮等的闪点都比较低，低闪点液体的蒸气只需接触红热物体的表面便会着火。其中，二硫化碳尤其危险，即使与暖气散热器或热灯泡接触，其蒸气也会着火，应该特别小心。

②遇水燃烧品。碱金属、碱金属氢化物及碳化钙等，严禁与水接触。

（4）预防化学灼伤。

化学灼伤是皮肤直接接触强腐蚀性物质（如浓酸、浓碱、氢氟酸、钠、溴等）引起的局部外伤。预防措施如下：

①在化学实验室里应该一直戴护目镜（平光玻璃或有机玻璃镜），防止眼睛受刺激性气体熏染，防止任何化学药品特别是强酸、强碱、玻璃屑等异物进入眼内。

②禁止用手直接取用化学药品，使用有毒物品时除用药匙、量器外必须戴橡皮手套，实验后马上清洗仪器用具，立即用肥皂洗手。

③不要用乙醇等有机溶剂擦洗溅在皮肤上的药品，这种做法反而会增加皮肤对药品的吸收速度。

④实验室里禁止吸烟、进食，禁止赤膊、穿拖鞋。

2. 生物实验室安全常识

（1）防火、防爆。

在生物实验室中除了火柴燃烧、酒精灯火焰以及正在加热的电器能致火灾以外，化学试剂使用不当或保管不善也会引起火灾，一般会有以下几种情况：

①强的氧化剂和还原剂接触会引起火灾，所以氯酸盐（氯化铁——用于鉴定生物酶活性）、过氧化物（过氧化氢——用于鉴定生物酶活性）等氧化剂千万不能与具有还原性的有机溶剂存放在一起。

②氧化性盐类与强酸混合接触时，易引起火灾。如氯酸盐同浓硫酸或高氯酸（用于配制二苯胺试剂，鉴定 DNA）等强酸接触，就会显示出非常强的氧化性。假如有可燃物存在，就会使这些物质着火，有时它们本身就会发生自然分解而引发爆炸。

③有些物质互相接触时会发生化学反应，在一定条件下生成极其不稳定的物质。例如，乙醛（鉴定 DNA 实验中使用）和氧气反应会生成过乙酸等。

④使用易挥发性可燃物时（如丙酮——用于叶绿素的提取与分离），溢出的气体浓度过大，遇到明火时易引起火灾。

防火、防爆措施如下：

①药品严格按类存放，不给各类物质造成混合的机会。

②严禁吸烟，任何操作严格按操作规程进行，如：酒精灯用完后应用灯帽熄灭，切忌用嘴吹灭；点燃的火柴和卫生香（用于验证生物酶的高效性）使用后应立即熄灭。离开实验室时要及时切断水、电的开关。

③应备有各类灭火用品，保证随时可用。

（2）防中毒。

实验室药品多数有毒，实验过程中也会产生毒物，若处理不当会造成人体中毒、环境污染，故应注意以下防护措施：

①禁止做与实验无关的任何事情。

②实验室应有通风设备。嗅闻气体应采用“招气入鼻”的方式，即用手轻拂气体，把少量气体扇向鼻孔，不可把鼻子凑到容器上。

③皮肤损伤者不能接触有毒物质。取用药品时要用药匙等合适器具，不能用手直接拿取药品，尽量防止药品接触身体皮肤。

④实验完毕，洗手后再离开实验室。

（3）防割伤与烫伤。

在使用玻璃仪器时要谨慎操作，轻拿轻放，以免破损，造成伤害。注意做到以下几点：

①使用玻璃仪器前，先要检查有无破损仪器。

②在加热操作时，切记不能用手直接拿取被加热的仪器。热的仪器不能直接放在桌面上，要放在石棉网上。加热或倾倒液体时，切勿俯视容器，以防液滴飞溅造成受伤。加热试管时，切勿将管口向着自己或他人。

（4）灭火方法。

实验室中一旦发生火灾，切不可惊慌失措，要保持镇静，根据具体情况正确地进行灭火或立即报火警。

①容器中的易燃物着火时，用灭火毯盖灭。

②酒精及其他可溶于水的液体着火时，可用水灭火。

③汽油、乙醚、甲苯等有机溶剂着火时，应用石棉布或沙土扑灭。绝对不能用水灭火，否则反而会扩大燃烧面积。

④导线、电器和仪器着火时不能用水和二氧化碳灭火器灭火，应先切断电源，然后应优先使用干粉灭火器或二氧化碳灭火器进行扑救。

⑤个人衣服着火时，切勿慌张奔跑，以免风助火势。应迅速脱衣，用水龙头浇水灭火，火势过大时可就地卧倒打滚压灭火焰。

⑥发生火灾时应注意保护现场。较大的着火事故应立即报警。

（5）进入微生物实验室应注意的事项。

①进入微生物实验室开始工作前应了解水阀门及电闸所在处。离开实验室时，一定要将室内检查一遍，将水、电的开关关好，门窗锁好。

②用火时，应做到“火着人在，人走火灭”。

③使用电器设备（如烘箱、恒温水浴、离心机、电炉等）时，严防触电；绝不可用湿手触碰电闸和电器开关。凡是漏电的仪器，一律不能使用。

④使用浓酸、浓碱时，必须极为小心地操作，防止溅出。要用移液管量取，绝对不能用口吸取。若不慎溅在实验台上或地面，必须及时用湿抹布擦洗干净。如果触及皮肤应立即处理。

⑤使用可燃物，特别是易燃物（如乙醚、丙酮、乙醇、苯等）时，应特别小心。不要将大量物品放在桌上，更不要放在靠近火焰处。只有在远离火源时，或将火焰熄灭后，才能倾倒易燃液体。低沸点的有机溶剂不准在火上直接加热。

⑥如果不慎倾出了相当量的易燃液体，则应立即关闭室内所有的火源和电加热器；再关门，开启小窗及窗户；然后用毛巾或抹布擦拭洒出的液体，并将液体拧到大的容器中，然后再倒入带塞的玻璃瓶中。

（6）废弃物处理。

在实验室内，废弃物最终的处理方式与其污染被清除的情况是紧密相关的。对于日常用品而言，很少有污染材料需要真正清除出实验室或销毁。大多数玻璃器皿、仪器以及实验服都可以重复使用。

废弃物处理的首要原则是所有感染性材料必须在实验室内清除污染、高压灭菌或焚烧。潜在感染性微生物或动物组织的所有的实验室物品，在被丢弃前应考虑如下问题：

①是否已采取规定程序对这些物品进行了有效的清除或消毒。

②丢弃已清除污染的物品时，是否会对直接参与丢弃的人员，或在设施外可能接触到丢弃物的人员造成任何潜在的生物学或其他方面的危害。

（7）清除污染方法。

①高压蒸汽灭菌是清除污染的首选方法，一般通过高压灭菌清洗法清除污染材料。

②污染（感染性）锐器——皮下注射用针头、手术刀、刀子和剪刀及破碎玻璃，这些废弃物应收集在带盖的、不易刺破的容器内，并按感染性物质处理。

③直接焚烧污染材料。

（8）一般实验废液处理。

①易燃和易爆物质的残渣不得倒入污物桶或水槽中，应收集在指定的容器内。

②废液，特别是强酸和强碱不能直接倒在水槽中，应先稀释，然后倒入水槽，再用大量自来水冲洗水槽及下水道。

③可溶于水的物质，容易成为水溶液而流失。因此，回收时要加以注意。但是，对甲醇、乙醇及醋酸之类的溶剂，能被细菌作用而易于分解。故对这类溶剂的稀溶液，经用大量水稀释后，即可排放。

④重金属等的废液，将其有机质分解后，作无机类废液进行处理。

3. 物理实验室的安全常识

为了顺利地做好物理实验，保证实验成功，保护实验仪器设备，保证师生在实验过程中的安全，防止实验事故的发生，物理实验室中常有很多规定，我们在这里做一简单介绍。

（1）进实验室前，就应对本次实验进行预习，掌握操作过程及原理，弄清所有仪器的性能。估计可能发生危险的实验，在操作时要注意防范。

（2）做学生实验时，实验设备和电路按要求连接好后，经老师检查无误、统一供电后方可进行实验。使用电器时要谨防触电，不要用湿的手、物接触电源。实验后关掉实验桌上的电源，最后由教师切断总电源。

（3）若发生触电现象，首先切断电源，采取必要的救护措施。

（4）实验中要严格按规程操作，发现异常现象立即向老师报告。

（5）加热时要注意安全。在酒精灯快烧尽、灯火还没熄灭时，千万不要注入酒精；熄灭酒精灯时，要用灯帽来罩，不要用嘴吹，防止发生意外；不要用一个酒精灯来点燃另一个酒精灯，以免酒精溢出，引起燃烧。点燃的火柴用完后立即熄灭，不得乱扔。

（6）严禁在实验室内吸烟或饮食。

（7）实验完毕要细心洗手，离开实验室前，要认真检查门窗和水电，确认一切无误后方可离开实验室。

二、实训室管理规定

1. 实训室安全管理规定

(1) 到实训室实习的人员必须穿工作服，戴工作帽，衣帽整洁。每次实习完成后要将衣物清洗干净。

(2) 到实训室实习的人员必须带齐自备实习工具，实训课前配备好实习用料，课上不能出校购料，防止出现意外。上实训课不迟到，不早退，不乱串实习室，有违反者立即停止实习。上实训课时教室不能留人，特殊情况除外。

(3) 上实习课前必须洗手，剪去长指甲，认真做好个人卫生，否则不准操作。打水或去厕所应在课间，如果课上去必须经老师同意。

(4) 上实习课时站在老师指定的位置看老师演示（每位实习生都有固定的工位号）。按照老师的要求进行实习操作，不做与实习无关的任何事情，禁止随意走动、打闹。必要走动时注意走稳，防止在实习室滑倒，造成摔伤、碰伤。上实习课时未经老师允许不能擅自离开实训室，有违反者立即停止实习。

(5) 进行操作时按照操作规程去做。精神集中，不聊天、打闹。防止出现烫伤或刀伤等伤害事故。

(6) 如发生漏电、漏气或安全隐患等情况，立即停止使用，及时断电、断气，并报告实习老师。

(7) 爱护实训室内的设备设施，注意节水、节电。实训室内不得乱扔废物。

(8) 使用实训室后，由实训室管理人员检查设备设施是否完好；是否干净整洁。检查水闸、电闸、气闸是否关闭。如有安全隐患，及时向有关领导汇报并及时解决。

(9) 严格执行以上规定，违反者将被停止实习，其造成的后果自负。

2. 实训室意外的预防措施

(1) 割伤。

割伤主要是由于不当或不正确使用刀具和电动设备而造成的。预防割伤的措施如下：

①在使用各种刀具时，注意力要集中，使用方法要正确。

②刀具等所有切割工具应当保持锋利，实际工作中，钝刀更易伤手。

③操作时，不得用刀指东画西，不得将刀随意乱放，更不能拿着刀边走路边挥舞，以免刀口伤着别人。

④不要将刀放在工作台或砧板的边缘，以免振动时滑落砸到脚上；一旦发现刀具掉落，切不可用手去接。

⑤清洗刀具时，要一件一件地进行，切不可将刀具浸没在放满水的洗涤池中。

⑥禁止拿着刀具打闹。

⑦在没有学会如何使用某一机械设备之前，不要随意地开动它。

⑧在使用具有危险性的设备（如绞肉机或搅拌机）之前，必须明确设备装置是否到位。

⑨在清洗设备时，要先切断电源再清洗，清洁锐利的刀片时要格外谨慎，洗擦时要将抹布折叠到一定的厚度，由里向外擦。

（2）跌伤和砸伤。

预防跌伤和砸伤的措施如下：

①工作区域及周围地面要保持清洁、干燥。油、汤、水洒在地面后，要立即擦掉，尤其是在炉灶操作区。

②工作鞋要有防滑性能，不得穿薄底鞋、易磨损的鞋、高跟鞋、拖鞋、凉鞋等。

③所有通道和工作区域内应无障碍物。

④不能把较重的箱子、盒子或砖块等留在可能会掉下来砸伤人的地方。

⑤行走路线要明确，尽量畅通，避免交叉相撞。

⑥存取高处物品时，应当使用专门的梯子，用纸箱或椅子来代替是不安全的。过重的物品不能放在高处。

（3）扭伤。

预防扭伤的措施如下：

①搬运重物前，先估计自己是否能搬动，搬不动应请人帮忙或使用搬运工具，绝对不勉强或逞能。

②抬举重物时，背部要挺直，膝盖弯曲，要用腿力来支撑，而不能用背力。

③举重物时要使所举物件紧靠身体，缓缓举起。

④抬举重物时如有必要，可以小步挪动脚步，最好不要扭转身体，以防伤腰。

⑤搬运时当心手部被挤伤或压伤。

⑥尽可能借助起重设备或搬运工具。

此外，在实训室中切勿奔跑，尤其在人多、繁忙的时候，要特别小心。在注意力不够集中时或在压力比较大的情况下，往往会有意外发生。

知识考核

选择题

1. 在化学实验室中，以下选项中被严格禁止的行为有（ ）。

A. 实验前预习实验内容并掌握操作步骤

B. 在实验室内穿着实验服并佩戴橡胶手套

C. 将食物和饮料带入实验室，并在实验间隙食用

D. 熟悉灭火器及急救箱的存放位置和使用方法

2. 稀释浓硫酸时，正确的操作方法是（ ）。

A. 将水缓慢注入浓硫酸中并搅拌

B. 将浓硫酸缓慢注入水中并搅拌

C. 浓硫酸和水可以随意混合，无须特别注意

D. 在没有通风橱的情况下，可直接进行浓硫酸的稀释操作

3. 关于化学实验室中预防化学灼伤的措施，以下描述中不正确的是（　　）。

A. 在实验室中应始终佩戴护目镜，以防化学药品溅入眼睛

B. 禁止用手直接取用化学药品，使用时应佩戴适当的防护用具

C. 如果化学药品溅到皮肤上，应立即用乙醇等有机溶剂擦洗

D. 实验室中应禁止吸烟和进食，且不应赤膊或穿拖鞋进行实验

4. 在生物实验室中，属于预防火灾的有效措施的操作是（　　）。

A. 将氧化剂如氯酸盐与具有还原性的有机溶剂混合存放

B. 在使用易挥发性可燃物如丙酮时，确保实验室通风良好，并避免气体浓度过大

C. 将氯酸盐与浓硫酸直接接触，以加速实验进程

D. 点燃的火柴用后直接丢弃在垃圾桶中

5. 在处理生物实验室废弃物时，以下做法中不正确的是（　　）。

A. 感染性材料必须在实验室内进行清除污染或高压灭菌处理

B. 已清除污染的物品可以直接丢弃在普通垃圾桶中

C. 丢弃前应确保已对物品进行了有效的污染清除或消毒

D. 丢弃过程中应避免对直接接触人员造成潜在危害

6. 下列关于物理实验室安全规定的说法，错误的是（　　）。

A. 实验前应预习实验内容，掌握操作过程及原理

B. 实验设备和电路连接好后，可由学生自行供电进行实验

C. 使用电器时要谨防触电，特别是不能用湿手接触电源

D. 实验结束后，应关掉实验桌上的电源，并由教师切断总电源

7. 对于易燃和易爆物质的残渣，应该（　　）。

A. 直接倒入污物桶或水槽中

B. 收集在指定的容器内，并按照相关规定处理

C. 将其稀释后倒入水槽

D. 留在实验台上，等待实验结束后一并处理

8. 在物理实验室中，加热操作的安全规范不包括（　　）。

A. 酒精灯快烧尽时，严禁注入酒精

B. 酒精灯熄灭时，可以用口吹灭，以节省时间

C. 点燃的火柴用完后应立即熄灭，不得乱扔

D. 严禁用一个酒精灯来点燃另一个酒精灯

第六节 防范校园欺凌

案例分享

重庆市荣昌区人民法院审理了一起健康权纠纷案件，多名初中女学生共同殴打另一名女生兰兰，导致其伤残。这一事件的起因，竟是兰兰在住校期间因不注重个人卫生，而引起同寝室其他同学“公愤”。五名舍友一起打耳光“教育”兰兰，导致其十级伤残。

学校是职业院校学生生活、学习的最主要场所。职业院校学生进入学校后，应尽快熟悉学校环境，了解校园的安全常识，在新的环境下学会如何保护自己，使自己尽快适应新生活、新环境，为今后的学习生活奠定基础。

一、校园欺凌的概念

《中华人民共和国未成年人保护法》（2024 年修订）指出，学生欺凌是指发生在学生之间，一方蓄意或者恶意通过肢体、语言及网络等手段实施欺压、侮辱，造成另一方人身伤害、财产损失或者精神损害的行为。

欺凌者是指在校园内外实施欺凌行为的一方，欺凌事件参与者在三人以上，则会包括主要欺凌者和欺凌协助者、支持者。主要欺凌者指欺凌事件的“主犯”，即在欺凌事件中起主要作用或组织、领导作用的人；欺凌协助、支持者不是欺凌行为的发起人，但在欺凌开始后加入或协助欺凌。部分欺凌协助者受欺凌者的恐吓、威胁，属于被迫参与欺凌。

被欺凌者是校园欺凌事件中的最大受害者，在校园欺凌行为中是处于弱势的一方。被欺凌者容易产生焦虑、抑郁、低自尊、孤独感、自杀倾向等内化问题行为，也可能产生外化问题行为，例如逃学、盗窃、攻击等。被欺凌者可能因此被迫在同伴群体中被边缘化。

二、校园欺凌的分类

校园欺凌主要包括直接欺凌和间接欺凌两种类型。

直接欺凌是指采用公然、明显的方式进行欺凌。直接欺凌包括直接身体欺凌和直接言语欺凌等类型。其中，直接身体欺凌包括打、踢、抓咬、推搡、勒索、抢夺和破坏物品等身体动作行为；直接言语欺凌包括辱骂、讥讽、嘲弄、挖苦、起外号等言语行为。

间接欺凌是指以较不易被发现的方式进行欺凌，通常借助第三方进行欺凌。间接欺凌包括关系欺凌、网络欺凌等类型。其中，关系欺凌包括传播谣言、社会孤立等；网络欺凌包括歧视性的短信和电子邮件等。

三、校园欺凌的危害

对于欺凌者而言，校园欺凌的危害包括：给他人带来伤害，要承担治疗甚至赔偿费用，要受到学校老师严肃批评教育，甚至无法继续完成学业。他们的行为很难获得社会（主要是学校和家庭）的认可。那些常在中小学打架，特别是加入暴力“帮派”的学生，很多最终都会走上犯罪道路。

对于被欺凌者而言，校园欺凌的危害包括：带来肉体损伤甚至残疾；易造成性格懦弱、自卑，缺乏信心和勇气；造成心灵的阴影和伤害；厌学甚至辍学。

四、预防和应对校园欺凌

1. 学校方面

（1）加强校园欺凌监测，以支持教师制定更适宜的干预方案，促使学校开展校园欺凌干预项目。

（2）设置预防校园欺凌专职岗位，以增强预防工作的专业性，促使专职人员运用专业技能与相关技术进行预防工作；同时增强预防工作的有效性，将职责落实到个人。

（3）建立学生欺凌防控工作制度，为学校创设无欺凌、无暴力的美好愿景，并设立明确具体的行为准则和奖惩措施。

（4）开展教师培训，增强教师识别和应对校园欺凌现象的能力。

（5）开设相关课程，面向学生开展应对校园欺凌的全面认知课程和自我保护课程，提高学生应对校园欺凌事件的能力。在课程中明确界定欺凌行为，教育学生不要成为欺凌者，同时也要学会保护自己，使自己不成为被欺凌者。作为旁观者时，坚决不做欺凌的帮凶，不能给欺凌行为煽风点火，并且要做到在保护好自己的前提下，尽可能向被欺凌者提供帮助。教师还应培养学生的同理心，以尽可能避免欺凌的发生。

（6）开展家长培训，增强家长识别校园欺凌以及帮助孩子应对校园欺凌的能力。

2. 教师和家长方面

教师和家长需帮助学生正确理解“欺凌”的含义，教会学生识别与应对欺凌。在面对学生求助时应给予安慰、支持和建议，发现欺凌行为后立即制止。在与欺凌行为相关人员谈话时应采取分开谈话的方式，这一方面有助于保护学生的隐私，另一方面也有助于收集到更加真实的信息。

3. 学生自身

（1）不能“怕”字当头。在遇到勒索、敲诈和殴打时不要害怕，要敢于抗争。因为这些施暴者大多和受害者同龄，他们所实行的第一次拦截往往都是一种试探。如果此时在心理上被对方所压倒，任其欺压，那么这样的第一次妥协其实就纵容、鼓励了施暴者，就会带来更不良的后果。所以，有效防范校园欺凌的第一要诀就是“不怕”，但是要注意避免激发对方欺凌升级，导致吃眼前亏。

（2）要及时报告。要认识到勒索、敲诈经常是与欺凌紧密联系的，我们提倡在“不怕”的前提下与之抗争，但不意味着逞一时之勇，造成不必要的伤害。因此，在遇到勒索、敲诈后要及时向学校、家长报告。

（3）要搞好人际关系。搞好人际关系是防范校园欺凌的一条重要途径。一个有广泛、良好人际关系的学生，就不容易成为被勒索、敲诈和殴打的对象。

（4）要慎重择友。要对学生的交友进行教育，鼓励学生多交品德好的朋友，多交“益友”，不交“损友”。对已经受到暴力侵害的朋友要多安慰，但不宜鼓动或煽动其找人来报复，以免引起更大的争端。

五、校园欺凌相关的法律

《中华人民共和国刑法》中与校园欺凌有关的条文如下：

第二百三十三条【过失致人死亡罪】过失致人死亡的，处三年以上七年以下有期徒刑；情节较轻的，处三年以下有期徒刑。本法另有规定的，依照规定。

第二百三十四条【故意伤害罪】故意伤害他人身体的，处三年以下有期徒刑、拘役或者管制。

犯前款罪，致人重伤的，处三年以上十年以下有期徒刑；致人死亡或者以特别残忍手段致人重伤造成严重残疾的，处十年以上有期徒刑、无期徒刑或者死刑。本法另有规定的，依照规定。

第二百三十五条【过失致人重伤罪】过失伤害他人致人重伤的，处三年以下有期徒刑或者拘役。本法另有规定的，依照规定。

第二百四十六条【侮辱罪】【诽谤罪】以暴力或者其他方法公然侮辱他人或者捏造事实诽谤他人，情节严重的，处三年以下有期徒刑、拘役、管制或者剥夺政治权利。

第二百六十三条【抢劫罪】以暴力、胁迫或者其他方法抢劫公私财物的，处三年以上十年以下有期徒刑，并处罚金；有下列情形之一的，处十年以上有期徒刑、无期徒刑或者死刑，并处罚金或者没收财产：（一）入户抢劫的；（二）在公共交通工具上抢劫的；（三）抢劫银行或者其他金融机构的；（四）多次抢劫或者抢劫数额巨大的；（五）抢劫致人重伤、死亡的；（六）冒充军警人员抢劫的；（七）持枪抢劫的；（八）抢劫军用物资或者抢险、救灾、救济物资的。

第二百九十三条【寻衅滋事罪】有下列寻衅滋事行为之一，破坏社会秩序的，处五年以下有期徒刑、拘役或者管制：（一）随意殴打他人，情节恶劣的；（二）追逐、拦截、辱骂、恐吓他人，情节恶劣的；（三）强拿硬要或者任意损毁、占用公私财物，情节严重的；（四）在公共场所起哄闹事，造成公共场所秩序严重混乱的。

校园欺凌是暴力行为的一种。只要这种暴力行为后果达到一定事实程度，就要依法追究刑事责任。现在还有些学生认为自己是未成年人，即使犯罪也不用负刑事责任。根据刑法的有关规定，已满十六周岁的犯罪嫌疑人应当负刑事责任。已满十四周岁不满十六周岁的人，犯故意杀人、故意伤害致人重伤或者死亡、强奸、抢劫、贩卖毒品、放火、爆炸、投毒罪的，应当负刑事责任。校园欺凌的施害人如达到法定年龄，则应承担相应的法律责任。

知识考核

选择题

1. 下列属于校园欺凌行为的是（　　）。

A. 叫受害者侮辱性绰号　　B. 不守信用

C. 自习课讲话　　D. 乱扔垃圾

2. 在网络或论坛上发表具有人身攻击成分的言论属于（　　）。

A. 言论自由　　B. 网上欺凌

C. 没有道德　　D. 犯罪

3. 受到校园欺凌时，下列选项中的（　　）不是寻求帮助的对象。

A. 父母　　B. 老师

C. 学校　　D. 结拜大哥（姐妹）

4. 受到校园欺凌时，下列行为中不可取的是（　　）。

A. 及时报告　　B. 保护自己

C. 保护证据　　D. 以暴制暴

第四章 饮食健康与个人卫生

学习目标

1. 了解哪些是垃圾食品，了解它们对身体的危害。
2. 了解常见的传染病。
3. 知道传染病的传播途径及预防方法。
4. 了解什么是食物中毒。
5. 了解食物中毒的预防及急救措施。
6. 养成健康、良好的饮食习惯和生活习惯。
7. 提高健康意识，培养自我保护能力。

第一节 饮食安全

案例分享

某高中校门附近有一家路边摊在晚上售卖炸串。一名高中生购买并食用了炸串后不久，出现了头晕、呕吐等食物中毒症状。经检测，摊主使用了过期的食用油来炸制食品，导致食品受到油脂氧化产生的有害物质污染。

一、食品的不安全因素

1. 废弃物污染

环境污染物在食品中的存在，有其自然背景和人类活动两方面的原因。像汞、镉、铅等重金属以及某些放射性物质等无机污染物，在一定程度上受食品产地的地质地理条件所影响。但是更为常见的污染源是工业、采矿、能源、交通、城市排污及农业生产等带来的，这些污染物通过环境及食物链危及人类健康。有机污染物中的多环芳烃、多氯联苯等工业化合物及副产物，都具有可在环境和食物链中富集且毒性增强等特点，对食品安全威胁极大。

2. 农药、兽药等化学残留物质污染

农药、兽药、饲料添加剂对食品安全产生的影响，近年来已成为人们关注的焦点。部分此类物质化学性质稳定，不易降解，在食物链、环境和生物体中可长期残留，目前在许多食品中仍有较高的检出量，对食品安全以及人类健康构成了很大的威胁。

3. 食品加工生产过程引发的食品安全问题

这主要包括生产加工企业未能严格按照工艺要求和食品安全标准操作。例如：微生物杀灭不彻底，导致病原微生物大量繁殖；超量使用、滥用食品添加剂等。

4. 违法生产和经营带来的安全问题

无证、无照非法生产经营食品的问题依旧较为严重。部分食品生产经营企业存在弄虚作假等违法行为，且法律意识淡薄，存在重生产、轻法规、轻卫生的现象，这给食品安全带来了极大隐患。

二、常见问题食品的类型

（1）“三无”产品：食品包装上无生产厂名、厂址，无生产日期和保质期，无产品配方或主要成分的食品。

（2）过期食品：超过食品标签标注的保质期的食品。如：产品包装上标注的生产日期为 2024 年 1 月 7 日，保质期为一年。若 2025 年 1 月 8 日仍上柜销售，即为过期食品。

（3）霉变食品：食品过了保质期或储存条件达不到规定的标准，发生霉烂变质。如长毛、发绿、发臭、发酸或外观、口感明显发生改变的食品等。

（4）违禁使用有毒有害物质的食品：生产厂商违反国家禁止在食品中加入有毒、有害物质的规定，出于对产品外观、口感、防腐等考虑而加入了对人体有害的物质，如甲醛、亚硝酸盐、过氧化氢（双氧水）、二氧化硫、吊白块、孔雀石绿、苏丹红、人工色素、瘦肉精等。

（5）超限量使用添加剂的食品：《食品安全国家标准 食品添加剂使用标准》（GB 2760—2024）规定了食品添加剂的使用范围和使用限量，超过国家标准规定的添加剂使用范围和标准限量的即为超限量使用添加剂的食品。

（6）微生物超标的食品：国家标准规定某些微生物不得在食品中检出，或虽允许检出但须低于一定的限量标准。若有检出或超出国家规定的限量标准，即为微生物超标的食品。如：按《食品安全国家标准 动物性水产制品》（GB 10136—2015）的规定，腌制产品中允许菌落总数为 5 000 个，而实际检出数为 10 000 个，即为微生物超标。

（7）有毒食品：一种情况是食品本身所固有、携带有毒物质，如豚、织纹螺（割香螺）等。另一种情况是因食品储藏、保存不当或搭配不当而滋生或衍生出有毒物质。如发霉的花生、大豆含有大量的黄曲霉毒素。

(8) 超标含有有毒有害物质的食品：国家标准允许某些食品含有一定量有毒有害物质残留或检出，若检出超过限量标准，则是超标含有有毒有害物质的食品。硝酸盐、亚硝酸盐是对人体健康有害的物质，国家标准规定硝酸盐及亚硝酸盐在奶粉中的含量分别不得超过 100mg/kg 和 2mg/kg。酵母和霉菌是乳粉产品重要的微生物指标，国家标准规定酵母和霉菌含量不得超过 50cfu/g。

(9) 达不到配料、营养标准要求的食品：国家标准规定某一食品中必须具备某些营养成分或指标含量，如果达不到或不具备国家规定的标准含量或达不到产品包装上明示的配料成分或营养含量的，即为达不到配料、营养标准要求的食品，是劣质食品。如某一奶粉包装上标注奶粉中含有蛋白质、脂肪等十项指标并分别标有一定的成分含量，若所标任何一项指标含量达不到规定标准要求或缺少某项指标含量，此奶粉即为劣质食品。

(10) 达不到包装标准要求的食品：国家对不同食品分别有不同的包装要求。为确保包装食品的安全，食品包装材料必须有高阻隔性。如：油脂食品要求具有高阻氧性和阻油性，干燥食品要求具有高阻湿性，芳香食品要求具有高保香性，果品和蔬菜类新鲜食品要求包装具有高的氧气、二氧化碳和水蒸气的透气性。此外，食品包装材料还要有高的抗拉伸强度、耐撕裂、耐冲击强度，优良的化学稳定性，不与内装食品发生任何化学反应。另外，食品包装材料还要有较高的耐温性，满足食品的高温消毒和低温储藏等要求。如达不到以上要求的，都不符合食品包装要求，将影响食品的内在品质，影响食品安全。

(11) 达不到储运、出售标准要求的食品：对食品的储藏、运输以及出售食品的摆放、夹取等，国家都有明文的规定和要求，若达不到这些规定和要求，都有可能引起微生物、灰尘等污染，从而影响食品的安全与质量。

(12) 农残超标的食品：国家规定蔬菜、水果等在种植生长过程中，为遏制病虫害的发生，允许一定品种、数量的农药使用，但在蔬菜、水果上市前，其农药残留需小于一定的标准。

(13) 未经质量安全准入许可的食品：国家规定 28 类食品必须经过国家质量技术安全监督部门的质量安全准入许可，方可生产、销售；应经生产许可、而未经生产许可的即为未经质量安全准入许可的问题食品。

(14) 注水、掺假食品：生产经营者出于不法利益的考虑，在食品中加注水分、掺加配料表以外的异物、替代物等。如注水牛肉和猪肉、高档食用油中掺加低档油或非食用油等。

（15）其他有损于人身健康的食品：国家虽没有明文限定食品中某一有害物质的添加或含量，但科学研究证实这一物质确实会对食用者的身体产生不良危害的。如各种人造奶油（黄油）、巧克力糕点类食品中的反式脂肪等。

三、垃圾食品的隐患及应对方案

垃圾食品是指高热量、高糖分、高盐、高油、低营养价值、大量使用添加剂的食物。爆米花、薯片、糖果、辣条等零食都可被视为垃圾食品，大量食用都不利于身体健康。

1. 垃圾食品隐藏五大隐患

（1）色素过量：一些食品中含有过量的人工色素，可能会造成腹泻等。

（2）防腐剂超标：防腐剂摄入过多时会在一定程度上抑制骨骼生长，危害肾脏、肝脏的健康。

（3）甜味剂过量：在蜜饯、糕点等食品中可能加入过量的甜味剂，这会引起肝脏代谢功能问题。

（4）高盐高糖：豆腐干等食品中含有大量的盐或糖，会增加肾脏负担。

（5）摄入大量反式脂肪酸：过多摄入会损害少年儿童的智力、危害心脏。

2. 应对方案

（1）养成良好的个人卫生习惯，饭前、便后要洗手。

（2）不购买、食用“三无”食品、饮品，不食用过期、变质的食品。

（3）生吃瓜果要洗净，不随意食用野生菌、野菜、野果，以防中毒。

（4）不服用不明药物，防止和消除药物滥用带来的对身体和社会的危害。

（5）不喝生水，喝白开水最安全。

（6）不随意购买、食用街头小摊贩出售的劣质食品，尽量在学校食堂就餐，不要在校外小食店、路边店用餐。

知识考核

选择题

1. 以下选项中，（　　）不是食品不安全因素的主要表现。

A. 微生物、寄生虫及生物毒素的污染

B. 食品添加剂的适量使用

C. 农药、兽药等化学残留物质的污染

D. 食品加工生产过程中微生物杀灭不完全

2. 下列选项中，主要通过环境及食物链危及人类健康的是（　　）。

A. 微生物及其毒素

B. 农药、兽药残留

C. 工业、采矿、能源等带来的无机污染物

D. 转基因食品的安全性

3. 下列措施中不能有效应对食品中的不安全因素的是（　　）。

A. 加强对农药、兽药使用的监管，减少化学残留

B. 提高食品加工生产企业的卫生标准和操作规范

C. 允许并鼓励使用高毒性但效果显著的食品添加剂

D. 严厉打击违法生产、经营食品的行为

4. 关于过期食品，以下描述错误的是（　　）。

A. 超过了食品包装上标注的保质期的食品即为过期食品

B. 过期食品可能对人体健康造成危害

C. 过期食品在口感和营养价值上通常与新鲜食品无异

D. 消费者应避免购买和食用过期食品

5. 下列选项中的（　　）不属于垃圾食品可能带来的健康隐患。

A. 色素过量可能导致腹泻

B. 防腐剂超标会危害肾脏和肝脏健康

C. 甜味剂过量有助于肝脏代谢

D. 高盐高糖饮食可能增加肾脏负担

第二节 食物中毒的预防及急救措施

案例分享

2021年12月18日15时20分，某学校发生一起食物中毒事件。经调查，该学校18日12时10分就餐学生为680人，15时20分部分学生相继出现恶心、呕吐、腹痛、腹泻、头昏、头痛、四肢麻木，少数有发绀等症状，共计429人入院诊治，初诊为亚硝酸盐、皂苷中毒。

食物中毒是指摄入了含有生物性、化学性有毒有害物质的食品或者把有毒有害物质当作食品摄入后出现的非传染性的急性、亚急性疾病。这是一类最为常见的食源性疾病。含有有毒有害物质并引起食物中毒的食品称为中毒食品。食物中毒既不包括因暴饮暴食而引起的急性胃肠炎、食源性肠道传染病（如伤寒）和寄生虫病（如旋毛虫、猪囊尾蚴病），也不包括因一次大量或长期少量摄入某些有毒、有害物质而引起的以慢性毒害为主要特征（如致癌、致畸、致突变）的疾病。

一、食物中毒的类型

1. 细菌性食物中毒

细菌性食物中毒是指因摄入含有细菌或细菌毒素的食品而引起的食物中毒，它与饮食习惯有着密切的关系。我国居民食用畜禽肉、禽蛋类较多，多年来沙门氏菌食物中毒一直居于首位。

2. 真菌毒素中毒

真菌毒素中毒是指真菌在谷物或其他食品中生长繁殖产生有毒的代谢物，人和动物吃了这种毒性物质以后发生的中毒。中毒发生主要通过被真菌污染的食品，用一般的烹调方法不能破坏食品中的真菌毒素。真菌生长繁殖及毒素产生需要一定的温度和湿度，因此中毒事件往往有明显的季节性和地区性。

3. 动物性食物中毒

食用天然含有毒素或毒素蓄积的动物性食品引起的食物中毒即为动物性食物中毒。它主要分为两种：一是将天然含有有毒成分的动物或动物的某一部分当作食品；二是在一定条件下产生了大量的有毒成分的原本可食的动物性食品。近年，我国发生的动物性食物中毒主要是河豚中毒，其次是鱼胆中毒。

4. 植物性食物中毒

植物性食物中毒是指因误食有毒植物或有毒的植物种子，或因烹调加工方法不当，没有把植物中的有毒物质去掉而引起的食物中毒。最常见的植物性中毒为菜豆中毒、毒蘑菇中毒。可引起死亡的有毒蘑菇、马铃薯、曼陀罗、银杏、苦杏仁、桐油等。植物性中毒多数没有特效疗法，对一些能引起死亡的严重中毒，及早地排出毒物对中毒者预后非常重要。

5. 化学性食物中毒

食用含有化学性有害物的食品引起的食物中毒即为化学性食物中毒。化学性食物中毒发病的特点是：发病与进食时间、食用量有关。一般进食后不久发病，常有群体性，病人有相同的临床表现。剩余食品、呕吐物、血和尿等样品可测出化学毒物。在处理化学性食物中毒时应突出一个“快”字。及时处理不但对挽救病人生命十分重要，同时对控制事态发展也具有重要作用，特别是群体中毒事件中或在尚不明确化学毒物时。

二、食物中毒的主要原因

（1）食品加工处理不当。食品加热温度不够，未能有效杀死或破坏食品中的致病性微生物或有害酶类。

（2）食品交叉污染或不正确冷藏，某些致病性微生物污染食品并大量繁殖，以致食品中存有大量致病菌或产生大量毒素。

（3）食品原料遭受污染。食品原料或食品容器被鼠药、农药等污染，农产品在种植、养殖过程中滥用剧毒农药、瘦肉精等。

（4）误用误食有毒化学物质。家庭或餐饮加工单位误将加工场所存放的农药、鼠药、亚硝酸盐或其他有毒有害物品当作食品。

（5）误食某些含有有毒成分的动植物。

（6）食用过期变质的食品。

（7）犯罪分子投毒。

三、食物中毒的特点

食物中毒发生的原因各不相同，但发病具有如下共同特点：

（1）发病呈暴发性，潜伏期短，来势凶猛，短时间内可能有多数人发病，发病曲线呈上升趋势。

（2）中毒患者一般具有相似的临床表现，常出现恶心、呕吐、腹痛、腹泻等消化道症状。

（3）发病与食物有关，患者在近期内都食用过同样的食物，发病范围局限在食用该有毒食物的人群，停止食用该食物后发病人数停止增长，发病曲线在突然上升之后即突然呈下降趋势，无余波。

（4）食物中毒患者对健康人不具传染性。

有的食物中毒具有明显的地区性和季节性。例如，副溶血性弧菌食物中毒多发生在沿海各省，而霉变甘蔗和酵米面食物中毒多发生在北方。食物中毒全年皆可发生，但第二、第三季度是食物中毒的高发季节，尤其是第三季度。

在我国引起食物中毒的各类食物中，动物性食品引起的食物中毒较为常见，占50%以上。

四、食物中毒的预防措施

（1）养成良好的卫生习惯。饭前便后洗手，不良的个人卫生习惯会把微生物带到食物上去。

（2）选择新鲜和安全的食品。购买食品的时候，要注意查看食物有没有腐败变质。尤其是小食品，不要只看花花绿绿的诱人外表，一定要查看它的生产日期、保质期，是不是有厂家和地址等标识。不能买过期食品和没有厂名厂址的食品，否则，即便出现质量问题也无法追究责任。

（3）食品在食用前要彻底清洗干净。尤其是生吃蔬菜瓜果的时候要清洗干净，需要加热的食物要彻底加热。

（4）养成不吃剩饭剩菜的习惯。如需要食用，应彻底加热。因为剩菜剩饭、剩余的甜点、牛奶等都是细菌的良好培养基，加热不彻底会引起细菌性食物中毒。

（5）不吃霉变的粮食、甘蔗、花生米等，其中的霉菌毒素会引起中毒。

（6）警惕误食有毒有害的物质。装有消毒剂、杀虫剂或者老鼠药的容器，使用后一定要妥善处理，防止因误用而引起中毒。

（7）不到无证无照的小摊贩处购买食物。不要在小摊上吃饭，少吃零食，特别是油炸的食物。

（8）饮用水要符合卫生要求，不喝生水或者不干净的水。

（9）要在校内食堂或正规经营的饮食店就餐。

（10）提倡体育锻炼，增强身体免疫力，抵御细菌的侵袭。

食物彻底煮熟再食用

不吃发霉变质的食物

勿随便食用野生菌

清洗干净食物再食用

五、食物中毒的应急处理

一旦发生食物中毒，不要惊慌失措，应冷静分析发病原因，针对引起中毒的食物以及食用的时间长短，及时采取应急措施。

1. 催吐

如果食用时间在1～2小时的，可使用催吐的方法。立即取食盐20g，加开水200mL溶化，冷却后一次喝下。如果不吐，可以多喝几次，迅速促进呕吐。也可以用鲜的生姜100g，捣碎取汁后用200mL温水冲服。如果吃下去的是变质的荤菜，则可以用十滴水来促使迅速呕吐。有的中毒者还可以用筷子、手指或者鹅毛等刺激咽喉，引发呕吐。

2. 导泻

如果中毒者食用食物时间较长，已经超过2个小时，而且精神状态较好，则可以服用泻药，促使中毒食物尽快排出体外。

3. 解毒

如果因吃了变质的鱼、虾、蟹等引起食物中毒，可取食醋100mL，加水200mL稀释后一次服下。如果误食了变质的饮料或者防腐剂，最好的急救方法是用鲜牛奶或者其他含蛋白质的饮料灌服。

如果经过上面的急救措施后症状未见好转，或者中毒较为严重的，应该尽快送往医院进行治疗。

如果是集体中毒，应立即向有关部门报告，并保留好可疑食品、呕吐物或粪便，以利于诊断、治疗或检疫。

知识考核

选择题

1. 以下四种类型的食物中毒，与真菌在食品中的生长繁殖直接相关的是（　　）。

A. 细菌性食物中毒　　B. 真菌毒素中毒

C. 动物性食物中毒　　D. 化学性食物中毒

2. 关于食物中毒的主要原因，以下描述错误的是（　　）。

A. 食品加热温度不够，未能有效杀死食品中的致病性微生物

B. 食品原料在种植过程中合理使用农药，不会导致食物中毒

C. 食品交叉污染或不正确冷藏可能导致致病菌大量繁殖

D. 误将有毒化学物质当作食品使用，可能引发食物中毒

3. 食物中毒的特点中，以下描述中不准确的是（　　）。

A. 中毒者在相近时间内均食用过某种相同的可疑中毒食物

B. 食物中毒的潜伏期通常较长，病程也较长

C. 食物中毒一般无人与人之间的直接传染

D. 所有中毒者的临床表现基本相似，常表现为急性胃肠炎症状

4. 下列选项中不是预防食物中毒的有效措施的是（ ）。

A. 养成饭前便后洗手的良好卫生习惯

B. 食用过期但外观无异的食品

C. 彻底清洗需要生吃的蔬菜瓜果

D. 不在无证无照的小摊贩处购买食物

5. 当发生食物中毒且食用时间在1～2小时的，应采取的首要应急处理手段是（ ）。

A. 立即服用泻药　　B. 饮用大量清水

C. 使用催吐方法　　D. 立即送往医院

6. 关于食物中毒的应急处理，以下说法错误的是（ ）。

A. 催吐时可以使用食盐溶液或鲜生姜汁

B. 食用变质的海鲜后，可饮用食醋加水稀释液解毒

C. 中毒症状严重或未见好转时，应立即送往医院

D. 集体中毒时，无须保留可疑食品或呕吐物，直接送往医院

第五章 人身与财产安全

学习目标

1. 了解什么是人身与财产安全。
2. 了解人身与财产安全保护的一般知识。
3. 了解防抢和防盗常识。
4. 了解校园贷的相关知识，知道校园贷的危害。
5. 了解什么是性骚扰，什么是性侵害，掌握预防性骚扰和性侵害的方法。
6. 了解吸烟和喝酒对身体的危害，了解毒品相关知识，能够主动远离毒品。
7. 提高人身与财产安全意识，培养自我保护能力。

第一节 人身与财产安全概述

案例分享

年满16周岁的小胡和小孙是高中同学，住在同一宿舍。小胡经常通过言语威胁、肢体殴打、索要财物等形式欺负小孙。一天，小胡和小孙在宿舍内因琐事发生争执，继而在肢体冲突中小胡用尖刀捅伤小孙左侧腹部。经鉴定，小孙损伤程度为重伤二级。法院经审理认为小胡的行为已构成故意伤害罪，判处小胡有期徒刑二年，并承担相应民事赔偿责任。

一、人身伤害的主要类型

根据造成损害的原因，人身伤害分为四个类型：自然灾害造成的人身伤害；意外事故造成的人身伤害；人为因素造成的人身伤害；不法侵害造成的人身伤害。

二、人身与财产安全保护

（1）要有“防”的意识，保持良好的防护习惯。

（2）留心观察身边的人和事，及时规避可能针对自己的侵害。

（3）发生案件、发现危险要快速、准确、实事求是地报警求助。

（4）用法律维护自己的人身财产安全。

（5）主动维护校园及周边治安秩序，创造和谐有序的环境。

三、预防不法侵害的方式

1. 抢劫的预防

（1）注意观察，及时识别。

（2）选好外出行走路线。

（3）不在陌生人面前随意透露自己的信息。

（4）遇到抢劫时沉着冷静应对。

（5）及时报案，以便组织追捕。

2. 滋扰的预防

（1）依靠集体力量，积极制止违法犯罪行为。

（2）注意策略，防止事态扩大。

（3）自觉保存证据，用法律保护自己。

3. 诈骗的预防

（1）不贪钱财，不图便宜。

（2）保护个人身份和隐私信息。

（3）慎重交友，不感情用事。

（4）多与同学和老师交流。

（5）慎重对待他人的财物请求。

知识考核

选择题

1. 以下选项中不属于危及人身安全的主要类型的是（　　）。

A. 自然灾害造成的人身伤害

B. 意外事故造成的人身伤害

C. 人为因素造成的人身伤害

D. 合法行为造成的人身伤害

2. 学生个人财产的保护途径不包括（　　）。

A. 利用法律法规进行保护

B. 依靠自己的力量进行保护

C. 依赖家长全权处理

D. 依靠学校保卫部门保护

3. 在保护个人财产安全的事前预防中，以下措施中的（　　）是不正确的。

A. 防盗

B. 防抢劫

C. 随意透露个人信息给陌生人

D. 防意外事故

4. 当面对不法侵害时，以下做法中不正确的是（　　）。

A. 保持冷静，及时报警求助

B. 用法律维护自己的人身安全

C. 逃避现实，不采取任何行动

D. 主动维护校园及周边治安秩序

5. 在预防诈骗的过程中，以下建议中不必要的是（　　）。

A. 多学习观察，提高警惕

B. 保守个人信息，不轻易透露给他人

C. 对所有陌生人都保持高度怀疑，拒绝一切帮助

D. 慎重交友，不轻易相信陌生人的财物请求

第二节 防抢防盗

案例分享

2024 年 3 月 12 日，某职业院校学生汪某报称 11 日 23 时许睡觉时将门插上，次日凌晨 3 时室友出去上卫生间，回来后没有插门，早上 8 时起床发现宿舍内两台笔记本电脑、一部手机被盗。

一、防抢常识

职业院校学生应该提高安全意识，注意观察周围环境，警惕陌生人和可疑行为。遇到抢劫时，要保持冷静，不要与犯罪分子发生正面冲突，尽量记住犯罪嫌疑人的特征和线索，并及时报警。

1. 如何防范入室抢劫

（1）提高防范意识，对上门的陌生人要严加盘问，不要随便开门。

（2）不要将不明底细的人随便往家里带，自己的住址、电话号码等不要随便告诉陌生人。

（3）“远亲不如近邻”，不要将自己孤立起来，邻里之间要营造相互照料的好风气。

2. 如何预防拦路抢劫

（1）深夜返回住处时，应先将身上的贵重财物放在妥善处保管，不宜随身携带。

（2）夜晚外出和返回时，最好与人结伴同行，同时不要贪图路近而穿越冷清、狭窄、昏暗的小路和胡同，更不要在偏僻的地方停留。

（3）进入楼道时，应先注意后面是否有可疑人员跟随；如发现可疑人员，应及时与家人或同学联系接应。

（4）对试图与自己表示亲近的陌生人，在无法确认其真实意图的情况下，不要随便接受其提供的饮料、茶水、食物等。

3. 外出旅行时如何防范抢劫

（1）对同行的陌生人不要过于亲近，旅途中不要有问必答，不要自我吹嘘，以免他人起歹意。

（2）不要接受同行陌生人请吃的东西，拒绝的方式要讲究，但态度一定要坚决。

（3）不要贪图便宜，以免被劫。

（4）不要相信陌生人有“特效药”能够治疗你突然发生的疾病。

4. 遭遇抢劫时的注意事项

（1）大声呼救，引起他人注意。在突然遭抢的紧急关头，确保人身免遭歹徒伤害是最重要的。在此基础上寻找机会大声呼救，特别是在周围有人的情况下，一定要大声呼救，以引起人们的注意和警觉。

（2）冷静观察，注意捕捉抢劫者的各种特征。这些特征主要包括：歹徒的发型、体形、身高、肤色、脸型、口音及身体的其他明显特征；作案时使用车辆的颜色、大小、型号、车牌号码。如有可能，最好留下一点抢劫者的实物罪证，以利于案件侦破。在违法犯罪分子逃跑时，如果能在确保安全的情况下站到高处看清歹徒逃跑的路线，会更有利于警方的抓捕。

（3）及时报警。万一遇到歹徒抢夺，要及时拨打 110 报警，千万不要延误。报警时要说明歹徒人数、逃跑方向、体貌特征及被抢物品等情况。

二、防盗常识

贵重物品如手机、钱包等应随身携带，不要随意放置在教室、宿舍等场所。

1. 宿舍安全

不存放过多现金，如有大量现金，应及时存入银行。妥善保管好银行卡和密码，避免泄露。

养成随手关窗、关灯、锁门的习惯，特别是最后离开房间的人要确保门窗紧闭。经常检查宿舍门窗是否完好，如有损坏及时报告并维修。妥善保管宿舍钥匙，不随意借给他人，一旦丢失及时更换锁头。

2. 教室安全

不要随意将手机、平板电脑等贵重物品及现金放在教室，课间休息时随身携带。下课后将书包背回宿舍，不要图方便放于教室内。

3. 公共场所防盗

钱不外露，分散存放；避免在公共场所翻弄钱款；到金融机构提款时，尽可能结伴前往，相互照应；留意身边的可疑人员，避免成为不法分子的目标。

职业院校学生防抢防盗的关键在于提高安全意识和增强自我保护能力。通过提高警惕、避免暴露财物、加强宿舍和教室的安全管理以及注意公共场所的防盗措施，可以有效降低被抢被盗的风险。同时，学校和家长也应加强对学生的安全教育，提高学生的安全意识和自我保护能力。

知识考核

选择题

1. 职业院校学生在遇到抢劫时，首要做法是（　　）。

A. 立即与犯罪分子搏斗

B. 保持冷静，记住犯罪嫌疑人的特征并及时报警

C. 迅速逃跑，不管财物

D. 寻求路人的帮助但不报警

2. 预防入室抢劫的有效措施不包括（　　）。

A. 对上门的陌生人严加盘问

B. 随意将住址告诉陌生人

C. 邻里之间相互照应

D. 不随便接受陌生人提供的食品

3. 外出旅行时，为了防范抢劫，职业院校学生应（　　）。

A. 与同行陌生人过度亲近，分享个人信息

B. 接受陌生人请吃的东西

C. 拒绝陌生人提供的“特效药”

D. 图便宜选择偏僻的住宿地点

4. 宿舍安全管理中，以下做法不正确的是（　　）。

A. 养成随手关窗、关灯、锁门的习惯

B. 将大量现金存放在宿舍抽屉中

C. 妥善保管宿舍钥匙，不随意借给他人

D. 经常检查宿舍门窗是否完好

5. 在教室中防止财物被盗，以下建议错误的是（　　）。

A. 课间休息时请随身携带贵重物品

B. 将书包放在教室显眼位置，以便随时取用
C. 下课后将书包背回宿舍
D. 不随意将手机、平板电脑等贵重物品放在教室
6. 职业院校学生在公共场所防盗时，以下做法正确的是（　　）。
A. 在公共场所炫耀自己携带的现金
B. 独自一人到金融机构提款
C. 留意身边的可疑人员，避免成为目标
D. 将所有财物集中放在一个包里，便于携带

第三节 防范校园贷

案例分享

2016 年 11 月的一个清晨，湖北省十堰市公安局郧阳区分局接到一名群众报警，称发现一年轻女子翻过桥边护栏跳进汉江。接警后，公安民警、消防队员、急救人员等迅速赶到现场，通过划艇将落水女子捞起，但其已经死亡。

警方调查得知，该女子名叫小丽，就读于十堰市某中级职业学校。她的一名同学在某小额贷款担保公司兼职，于是她向这名同学所在公司借贷 1 万余元。出于投机心理，她通过手机从网上购买六合彩，亏损了 1.7 万元，无力偿还。此事被母亲发现后，小丽因压力过大产生了轻生想法。轻生后的第三天，是她 18 岁的生日。

一、什么是校园贷

校园贷，又称校园网贷，是指一些网络贷款平台面向在校学生开展的贷款业务。校园网贷平台的风控措施差别较大，部分为学生提供现金借款的平台难以控制借款流向，可能导致缺乏自制力的学生过度消费。

二、校园贷的危害

1. 造成学生财产损失

校园贷的贷款门槛低，对借款人资质审查不严或根本没有资质审核，很多平台的审核和风控形同虚设。所谓的“凭学生证即可在线办理”根本不考虑学生的还款能力、还款来源，诱导学生借款、过度消费。

一些不法分子利用学生社会认知能力低、防范心理弱的特点，进行短期、小额贷款活动，从表面上看这种借贷是“薄利多销”，但实际上不法分子所要求的还款利率是银行

的 20～30 倍，肆意压榨学生。

2. 滋生借款学生的恶习

学生的经济来源主要靠父母提供，若学生具有攀比心理，且平时就有不良习惯，那么父母提供的费用肯定不能满足其需求。因此，这部分学生可能会转向校园高利贷获取资金，并引发赌博、酗酒等不良恶习。

3. 危及学生的人身安全、扰乱校园秩序

一些网络贷款平台在进行放贷时会要求学生提供一定价值的物品进行抵押，而且要求学生提供学生证、身份证等的复印件，对学生个人信息十分了解。一旦学生不能按时还贷，放贷平台就可能会采取恐吓、殴打、威胁学生甚至其父母的手段进行暴力讨债，对学生的人身安全和校园秩序造成重大危害。

三、如何防范不良校园贷

1. 不要轻易相信借贷广告

一些网络借贷平台利用虚假广告诱导学生注册、贷款，文案上写着帮助学生解决学习和生活困难。但实际上，它们的高利贷、诱导贷款、高授信额度很容易导致学生陷入“连环贷”陷阱。

2. 树立正确的消费观

学生要充分认识网络不良借贷存在的隐患和风险，增强金融风险防范意识；要树立理性科学的消费观，不要在网络借款平台和分期购物平台贷款和购物，避开高利息和高违约金的盘剥，养成勤俭节约的优良品质；要积极学习金融和网络安全知识，远离不良网贷。

3. 提高自我保护意识

保护好自己的个人身份信息，切勿将个人身份信息提供给他人借款或购物。当自己的信息被不法之徒利用时，应及时向学校反映。如果受到暴力催款的威胁，应及时报警，学会用正当手段或者法律武器保护自己。

4. 老师和学校的引导

班主任、辅导员应密切关注学生的异常消费行为，发现问题及时提醒。学校应开设关于理性消费的相关课程，引导学生树立科学的消费观，不攀比、不炫耀，合理消费、适度消费。另外，学校还可开展活动向学生宣传金融常识等。

知识考核

选择题

1. 校园贷主要面向（　　）群体开展贷款业务。

A. 社会在职人士　　　　B. 企业主

C. 在校学生　　　　D. 退休人员

2. 下列选项中的（　　）不是校园贷可能带来的危害。

A. 造成学生财产损失　　B. 帮助学生培养正确的消费观

C. 滋生学生恶习　　D. 危及学生人身安全

3. 为防止不良校园贷，学生保护自己的个人身份信息应做到（　　）。

A. 随意在网络上填写个人信息　　B. 将个人信息借给他人借款或购物

C. 提高警惕，不轻易透露给陌生人　　D. 忽视保护个人信息的重要性

4. （多选题）学校在防范不良校园贷方面可以采取的措施有（　　）。

A. 开设关于理性消费的课程

B. 禁止学生使用任何网络借贷平台

C. 密切关注学生异常消费行为并及时提醒

D. 组织活动宣传金融常识

第四节 防范性骚扰和性侵害

案例分享

某职业院校一位女学生，在校园舞会上认识了一位本校的男同学。交往数次后，男生给女生过生日，请她吃饭，并劝她喝酒。当女生有醉意之后，又将女生领到他的宿舍，在女生不同意但又无力反抗的情况下，将她强奸。

一、防范性骚扰

1. 什么是性骚扰

性骚扰，指以威逼或利诱为手段，将自己的性意念、性欲望强加于自己看中的对象，并付诸行动，企图使对方顺从、满足自己的性要求。性骚扰的常见表现形式有：猥亵的语言，挑逗性的动作，对对方身体的抚摸、拥抱、接吻、触碰，以及发生性关系等。

性骚扰会对当事人造成心理、生理以及社会适应等方面的负面影响，该行为一般发生在异性之间，但同性之间亦有发生。

性骚扰不仅损害了受害人的身心健康，影响了正常的生活和工作秩序，破坏了人际关系，而且是破坏社会安定的危险因素之一。因此，要树立积极的自我保护意识，从我做起，预防性骚扰，避免性骚扰带来的诸多危害。

2. 预防性骚扰的方法

（1）角色要分明。人的角色具有多重性，有社会角色，也有家庭角色。无论在家庭或社会中都要严格把握自我角色，以角色需要规范自己，保持清晰的角色界限。这样才

能做到角色不混、情感不乱、相互敬重、相处有别。这样，即使是异性相处也不会逾越角色界限。比如，师生之间、同学之间、同事之间、上下级之间都应做到角色分明，保持一个安全的两性空间。这种情况下，倘若有人心怀不轨也无机可乘。

（2）交往重情境。有的人易受情境感召，身处静僻之地易萌发一些不良的念头或不能把握的冲动。因此，在交往中要避开一些环境和时间。比如，不与异性在夜晚独处或让异性单独进入自己的卧室等。正常的交往要选择合适的环境和时间，如选择公共场合、办公地点，白天或邀人陪伴等。

（3）穿戴有分寸。要恰到好处地装扮自己。女生不过分追求浓妆艳抹和穿着暴露。

（4）身体忌接触。身体接触易引起对方误会，如发生可采取立即说“抱歉”的方式表明自己是无心之失，避免因沉默、疏忽而引起对方误解。

（5）语言勿轻佻。把握交往对象的人格特征，注意语言表达的方式。避免因语言轻佻引起误会，淡化性别界限，进而招致性骚扰的发生。

（6）举止要端庄。始终以一个有素养、有积极人格的鲜明形象出现在他人面前，以获得尊重，保持尊严。尤其与异性交往更需落落大方、行为端庄，在小节上也不能马虎。如不随便进入异性的卧室，与异性交往不过于亲昵，要不卑不亢又不乏热情。

（7）交流讲道德。人是讲感情的，与异性交往也存在情感交流的需要。但异性之间的情感交流要注意界限和分寸，要以高尚的道德情操把握自己。

（8）回避需理智。当发现或感到有被性骚扰的可能时，要及时回避，理智对待。如寻找理由，巧妙脱身；泼点冷水，让对方觉醒；诚恳相劝，激发理智；妥善安抚，不留后患等。

预防性骚扰的方法很多，要根据自己的特点、所处情境，灵活、理性、有策略地去运用。但这些方法皆不外乎把握自我、遏制对方，保持一个友爱、互敬的人际氛围。

二、防范性侵害

1. 什么是性侵害

性侵害是指加害者以威胁、权力、暴力、金钱或甜言蜜语，引诱胁迫他人与其发生性关系，或在性方面造成对受害人的伤害行为。性侵害的对象不仅包括女性，也包括男性。

性侵害的具体表现形式如下：

（1）暴力型性侵害。暴力型性侵害是指犯罪分子使用暴力和野蛮的手段，如携带凶器、劫持受害人，或以暴力威胁加之言语恐吓，对受害人实施强奸、轮奸或调戏、猥亵等。

（2）胁迫型性侵害。胁迫型性侵害是指利用自己的权势、地位、职务之便，对有求于自己的受害人加以利诱或威胁，从而强迫受害人与其发生非暴力性的性行为。

（3）社交型性侵害。社交型性侵害是指在受害人生活的圈子里发生的性侵害。加害人大多是熟人、同学、同乡，甚至是朋友。社交型性侵害又称“熟人强奸”“社交性强奸”“沉默强奸”“酒后强奸”等。受害人身心受到伤害后，往往出于各种考虑而不敢揭发。

（4）诱惑型性侵害。诱惑型性侵害是指利用受害人追求享乐、贪图钱财的心理，诱惑受害人而发生的性侵害。

（5）滋扰型性侵害。滋扰型性侵害的主要形式：一是在公共汽车、商店等公共场所有意识地接触受害者的身体；二是暴露生殖器等变态式性滋扰；三是向受害者寻衅滋事，无理纠缠，用污言秽语进行挑逗，或者做出下流举动对受害者进行调戏、侮辱，甚至可能发展成集体轮奸。

2. 避免发生性侵害的方法

（1）筑起思想防线，提高识别能力。特别应当消除贪图小便宜的心理。对一般异性的馈赠和邀请应婉言拒绝，以免因小失大。谨慎待人，对于不认识的异性，不要随便吐露自己的真实情况。对特别热情的异性，不管认识与否都要防备。一旦发现某位异性对自己不怀好意，甚至动手动脚或有越轨行为，必须严词拒绝，大胆抵抗，并立即向学校有关领导和保卫部门报告，加以制止。

（2）行为端正，态度明确。如果自己行为端正，举止得体，态度明确，对方就会消除不良想法。如果自己态度模糊，对方就会产生幻想。拒绝对方的要求时，态度要坚决，但要注意不能嘲笑对方，更不能结怨成仇。参加社交活动和异性单独交往时，要理性地控制自己，不要喝太多酒。

（3）学会用法律保护自己。对于失去理智、纠缠不清的不正当行为和违法犯罪者，不要惧怕他们的恐吓、欺诈和报复，要大胆揭发其恶行，及时向领导和保卫部门报告，学会依靠组织和运用法律武器保护自己。千万注意不能“私了”。“私了”的结果常会使犯罪分子得寸进尺。

（4）学点防身术，提高自我防范的有效性。一般女性的力量弱于男性，防身时要把握时机，出奇制胜，快准狠地击打其要害部位，即使不能制服对方，也可制造逃离险境的机会。

知识考核

选择题

1. 下列选项中，不属于性骚扰常见表现形式的是（　　）。

A. 猥亵的语言　　B. 友好地握手

C. 抚摸对方身体　　D. 挑逗性的动作

2. 预防性骚扰的方法中，“穿戴有分寸”指的是（　　）。

A. 穿着要华丽显眼，吸引他人注意

B. 女性应追求浓妆艳抹和穿着暴露

C. 穿着应适当，避免过于暴露

D. 无论男女都应穿着夸张，以彰显个性

3. 当发现或感到有被性骚扰的可能时，以下做法不恰当的是（　　）。

A. 寻找理由，巧妙脱离现场

B. 保持沉默，不采取任何行动

C. 诚恳相劝，激发对方的理智

D. 妥善安抚，避免留下后患

4. 以下选项中的（　　）不属于性侵害的具体表现形式。

A. 暴力型性侵害　　B. 社交型性侵害

C. 恋爱关系中的自愿性行为　　D. 诱惑型性侵害

5. 当面对不认识的异性对自己不怀好意甚至动手动脚时，以下做法不恰当的是（　　）。

A. 严词拒绝，并立即向学校有关领导和保卫部门报告

B. 假装没注意到，希望对方能自行离开

C. 大胆抵抗，保护自己的人身安全

D. 提醒周围人群注意，寻求帮助

第五节　远离不良嗜好

案例分享

2021 年 3 月 27 日，钱某和几名朋友在家喝酒、打牌至次日凌晨。28 日与朋友在家吃午饭，席间喝了白酒，午饭后前往酒吧打牌、喝酒至傍晚，晚上又应朋友邀请前往烧烤店继续喝酒。朋友见钱某喝醉将其送回家中，随后钱某的妻子发现他不省人事，不像普通醉酒状态。送至医院时确认钱某已死亡，死因是急性乙醇中毒。

一、吸烟

吸烟有害健康，其导致的最常见疾病有肺癌、支气管炎、肺气肿、肺心病、缺血性心脏病和其他血管疾病、胃和十二指肠溃疡。吸烟者的死亡率高于不吸烟者。肺癌死亡人数的 90％为吸烟者，吸烟量越多，肺癌死亡率越高。胃和十二指肠溃疡的患病率，吸烟者为不吸烟者的两倍。

1. 吸烟对人体的危害

吸烟是一种不健康的生活习惯，对人体的危害有以下几个方面：

（1）脑部：吸烟会引致多种脑部疾病，会降低脑部循环的血液及氧气，造成脑部血管出血及闭塞，导致麻痹、智力衰退及中风。吸烟者中风概率较非吸烟者高出两倍，因

为吸烟会导致脑部血管痉挛，并影响血液的凝血功能，使血液更容易凝结成血栓，从而造成中风。

（2）喉部：吸烟可导致喉癌，喉癌患者以男性居多。

（3）肺部：吸烟会引致肺癌。若一个人每天吸食10支烟，其肺癌患病率是非吸烟人士的10倍。初期病症不会被察觉，直至癌细胞蔓延至血管及其他器官，吸烟者才会发现已患癌症。吸烟亦会引致肺气肿，肺部支气管内积聚的有毒物质会阻碍人体吸入的空气正常呼出，令肺部细胞膨胀或爆裂，导致患病者呼吸困难。

（4）胃部：患有肠胃性疾病者，吸烟会使肠胃病更加恶化。患有胃溃疡或十二指肠溃疡者，吸烟会使溃疡处的愈合减慢，甚至演变为慢性病。吸烟会刺激神经系统，加速唾液及胃液的分泌，使胃肠时常出现紧张状态，导致食欲缺乏。另外，尼古丁会使胃肠黏膜的血管收缩，令食欲减退。

（5）骨骼：吸烟人士的断骨康复期要比不吸烟人士长。

2. 学生吸烟现象的个人因素

（1）好奇心的驱使，模仿长辈、教师、社会各色人物的吸烟行为。

（2）对谚语、俗语、俚语的耳濡目染，进而产生实践性尝试，如“饭后一支烟，赛过活神仙”。

（3）把吸烟现象误认为是人际交往的一种方式。

（4）出风头，误把吸烟与男子汉气概等同。

（5）掩饰自卑、孤独的心理，以摆脱学习上或人际关系上的挫折感。

（6）被动接受他人递烟，从众心理起作用。

3. 学生吸烟现象的学校因素

（1）班主任没有及时给予吸烟学生心理和行为上的疏导。

（2）缺少老师或同学的关爱。

（3）一些学校一味追求学习成绩，忽视丰富多彩的校园活动。

（4）教师把正面批评与体罚等同，或对问题学生视而不见、视而不管。

（5）教师在教室、集会等公共场合吸烟，对学生有一定的影响。

（6）学校缺少或没有针对吸烟的危害进行必要的宣传，构建“无烟校园”“和谐校园”成了一句空话。

4. 学生吸烟现象的社会因素

（1）一些人把敬烟看作是人际交往中的一种重要礼仪，同时认为谢绝别人敬烟便是一种不礼貌的行为。

（2）大众传播媒体的影响，尤其是电影、电视剧中“老大”形象的影响。

（3）社会上存在的不正之风和不良青年对学生的影响。

（4）没有建立健全烟草买卖秩序，烟草店变相向未成年人售烟。

（5）没有向学生的生活和成长提供良好的无烟环境。

5. 应对方案

青少年吸烟一直都是家长以及学校非常关注的一个问题。帮助青少年戒烟，首先要找到孩子抽烟的真正原因，这样才能对症下药。下面介绍一些预防青少年吸烟的办法。

(1) 多鼓励孩子。在日常生活中，不管是老师还是家长，都应该积极鼓励孩子，尽量减少批评次数，这样孩子才会有一个乐观、积极向上的心态，以防止消极的心态出现后，一些孩子用吸烟的方式来麻醉自己。

(2) 宣传吸烟危害。每一个老师或者家长都应该尽量多地强调吸烟对身体造成的危害，可以多给孩子看一些相关病例，这样孩子就会更加爱惜自己的身体，降低对吸烟的好奇和尝试冲动。

(3) 家长和教师做好行为示范。很多青少年有吸烟问题都是模仿大人，感觉自己长大了，于是想通过一些所谓的“大人”行为来彰显自我。家长和教师应该做好正确引导工作，告诉孩子，一个人成熟并不是靠吸烟就能够体现出来的，而是需要负起很多自己应当承担的责任，这样才能够让他们树立远大的目标。

二、喝酒

1. 饮酒对身体的影响

(1) 饮酒会损害口腔、胃、肠黏膜，诱发胰腺炎、食道炎、胃及十二指肠溃疡，还会引起肝脏受损及结缔组织增生，从而导致肝硬化。

(2) 饮酒会刺激呼吸道，降低肺的防御能力。

(3) 长期喝酒会造成动脉硬化、高血压，诱发心肌梗死和脑出血。酒精对生殖系统和神经系统也有毒害作用。

(4) 经常喝酒会导致智力下降，记忆力减退，理解力降低，影响学习，严重的甚至会引起酒精中毒型精神病。

2. 过量饮酒对心理的影响

(1) 情绪易激动，乱发脾气，判断力不佳，易与人发生冲突，对外界刺激敏感，有高犯罪倾向。

(2) 精神恍惚，影响学习和工作效率。

(3) 亲友与之疏离，心理承担更大的挫折与压力，从而更加自暴自弃，陷入恶性循环。

3. 酒精依赖的临床表现

酒精依赖是长期反复饮酒而引起对酒渴求的一种心理状态。酒是一种麻醉剂，是亲神经物质，长期饮用可产生酒精依赖。酒精依赖者中有部分在中断饮酒后会出现震颤、幻觉、意识障碍、肌肉抽搐、自主神经功能紊乱等表现，被称为戒断综合征或酒精依赖综合征。具体临床表现如下：

(1) 依赖者对酒的体验：在开始饮酒后很快就体会到心情愉快，酒后话多，感到紧张和疲劳等全消。在这种体验的支配下不间断地每日饮酒，个人对酒的渴求越来越重，断饮就会出现戒断综合征。

（2）心理依赖：即对酒的渴求，这种渴求的程度随饮酒时间的增长越来越大，以致断饮即会出现戒断现象。为了满足渴求心理，避免出现戒断现象，会出现四处找酒喝的行为。

（3）躯体依赖：当断饮时出现戒断综合征，即已形成躯体依赖。这时断饮可出现程度不一的躯体和精神症状。为满足渴求，不出现戒断症状的痛苦体验，依赖者会不顾时间、地点及周围情况等而饮酒。重症患者把饮酒变成了一切活动的中心，此时给人的印象是病人的人格已经发生了变化。

（4）耐受性：为了达到初期饮酒的良好体验，饮酒量会逐渐增大，但达到一定的程度后，随着酒精中毒程度的加深和年龄的增大，酒量会逐渐降低。病人常处于醉酒状态，会出现不讲卫生、不关心周围人的表现。

（5）躯体并发症：酒精对全身细胞均有毒性，如对中枢神经和周围神经，以及肝、胆、胃、心、肾等均有损害，还会造成营养不良。

酒精依赖如不尽早治疗，后果很严重。治疗的关键是戒酒，而依赖者对酒的渴求和躯体依赖的存在常使其不能自拔。

4. 应对方案

（1）把握劝说戒酒的最佳时机。和酗酒者交谈的最佳时机是在过量饮酒造成的相关后果刚刚发生（发现）时，选择一个他或她比较冷静的时候，私下交谈。

（2）特殊关照。告诉亲友，你很为他或她的饮酒问题担心，必要时使用一些因饮酒引起危害的例子进行劝说。

（3）寻求帮助。事先搜集关于戒酒治疗方面的信息。如果他或她需要帮助，立即打电话预约治疗。建议首次参加治疗时，亲人或朋友陪着戒酒者一块儿去。

（4）动员朋友。如果酗酒者拒绝接受帮助，可请一位朋友和他或她谈谈。不止一个人、不止一次去和酗酒者交谈，是很有必要的，可以逐渐使酗酒者自愿去寻求帮助。

（5）寻求联合力量。在专业机构的帮助下，一些家庭成员和他们的亲戚朋友组成一个小组，联合起来克服酗酒问题。

（6）获取支持。可获得一些专业组织的支持，这些组织能够帮助你的亲友认识到他们要为自己的饮酒问题负责。

三、毒品

1. 毒品的定义

《中华人民共和国刑法》第三百五十七条规定：“本法所称的毒品，是指鸦片、海洛因、甲基苯丙胺（冰毒）、吗啡、大麻、可卡因以及国家规定管制的其他能够使人形成瘾癖的麻醉药品和精神药品。”

常见毒品的名称及危害如表 5－1 所示。

表 5-1 常见毒品的名称及危害

名称	俗称	毒性症状
鸦片	大烟、烟土、阿片	会出现面无血色、瘦弱不堪、呆滞失眠，体质器官损坏，急性中毒、呼吸抑制死亡。
海洛因	白粉、白面、毒品之王	毒性是吗啡的 4～5 倍，成瘾性极强，精神麻木，器官损坏，容易引起呼吸抑制，中毒死亡。
可卡因		导致心律不齐、血压高，心肺与肝功能损害，丧失判断能力，把幻觉当成真实，出现自杀。
甲基苯丙胺	冰毒	导致认知功能下降、情绪失控，具有强烈精神依赖性，戒断困难且复吸率高。
氯胺酮	K 粉	有致幻作用，导致感觉与意识分离，产生幻觉，麻痹人的神经，多在歌舞厅里发现。
摇头丸	迷魂药	有致幻作用，导致意志丧失、任人摆布，行为失控冲动，听曲即跳，甚至摇断脖子。

2. 应对方案

吸毒会毁灭自己、祸及家庭、危害社会。以下方法可以有效预防和抵御毒品的侵袭。

(1) 积极掌握毒品知识。青少年有极强烈的好奇心，但是千万不可放任这种好奇心，在毒品问题上，你时刻面临生与死的选择。我们应该增强自制力，控制好奇心，积极掌握与毒品有关的知识。

(2) 拒绝接受陌生人的“馈赠”。多数吸毒者初次吸食毒品都是由于接受了毒贩子或其他吸毒人员“免费”提供的毒品，所以我们一定不能贪图眼前的“小恩小惠”，始终要谨记天下没有白来的好处！

(3) 慎重交友。无论是在学校还是校外结交的朋友，无论是周围的同学还是社会上的朋友，只要其中有一个人吸毒，其他人就往往容易受到影响而吸毒。因此，坚决不与吸毒的人交友。

(4) 不要轻信他人。吸毒、贩毒者可能会吹嘘毒品的好处，以毒品可以治病、毒品可以减肥等谎言骗你，使你丧失警惕。不要听信毒品可以治病的谎言，有病一定要去医院，在医生的指导下正确服用药物，以免深陷泥潭，毁灭人生。

(5) 远离易染毒场所。青少年涉足酒吧、歌舞厅、迪厅、游戏厅等娱乐场所，特别容易成为毒贩子引诱吸毒的目标。严格遵守学生日常行为规范，不吸烟、不饮酒，不去酒吧、歌舞厅、迪厅、游戏厅等娱乐场所。

(6) 不盲目追赶“时髦”。毒贩们鼓吹“吸毒是时髦的，是有钱人的标志”这种极其荒唐的错误观念，而青少年关注潮流、追崇时尚，极易被这种错误观念所左右。因此作为新时代的青少年，在“潮流”面前要分清是非对错，重视培养自身良好的行为习惯，不要盲从。

(7) 态度坚决——决不尝试第一次。毒贩子们谎称“毒品吸一两次不会上瘾”，但众多吸毒者用各自的悲惨经历证明：一朝吸毒，十年戒毒，终身想毒。

四、药物依赖

1. 药物依赖的定义

药物依赖是指反复地（周期性地或连续地）用药引起的人体对药品的心理上、生理上的或兼而有之的一种依赖状态，表现出一种强迫性的或非强迫性的要连续或定期用药的行为和其他反应。

药物依赖分为精神性依赖和生理性依赖。精神性依赖又称心理性依赖，它使人产生一种愉快满足的感觉，并且在精神上驱使用药者具有一种周期性或连续性用药的欲望，产生强迫用药行为，以便获得满足或避免不适感。生理性依赖是由于反复用药所造成的一种适应状态，这种状态使得中断用药后产生一系列强烈的身体损害，即戒断症状，表现为流涕、流血、恶心、呕吐、腹泻、肌痛、大汗等，使人非常痛苦，甚至威胁生命。

2. 常见的药物依赖以及对个人的危害

(1) 镇静催眠药：这类药易产生精神依赖，长期大剂量使用可发生躯体依赖。

(2) 抗焦虑药：这类药临床应用范围越来越广，成瘾者也逐渐增多。

(3) 镇痛药：此类药应用比较广泛，疗效好，见效也快，使用两周即可成瘾，且具有异常强烈的精神、躯体依赖性。

(4) 精神兴奋药：有减少睡眠、消除疲劳的作用，但有较强的成瘾性，一般小剂量即可成瘾。

(5) 抗精神病药：对精神病的幻觉、妄想和兴奋躁动有较好的疗效，但长期使用易成瘾。

(6) 解热镇痛药：表现为病态嗜好。

(7) 其他易成瘾的药物：凡是含有咖啡因的药丸或饮料，久服可成瘾；有些止咳糖浆含有可待因、阿片，久服可成瘾；女性激素用于替代疗法，久服也可成瘾，主要表现为心理上的依赖。

对于易成瘾性药物，只有在有充分理由、充分把握确定对该病治疗效果良好时才可使用，而且必须持医生处方到正规医院取药，使用这些药物只能取其最短疗程。

3. 应对方案

(1) 戒掉药物依赖。药物依赖根据“生物—心理—社会医学”模式，戒除包括三个环节，首先是终止滥用药品并治疗症状；其次是矫正依赖行为，防止复吸；然后是训练并扶持其就业，使之完全回归社会。由于病人对药物的强烈渴求，一般认为戒除药物依赖应该在住院条件下，严格地按照医院制度进行。杜绝药源是治疗成功的关键所在。常见方法有药物剂量递减法、自然戒断法、支持疗法、对症疗法、社会支持及精神疗法等。

①药物剂量递减法：包括依赖药物和替代药物的剂量递减。药物剂量递减法在戒药过程中，以不出现明显戒断症状为宜。

②自然戒断法：指硬性停药，通常 7～10 天完成，简单、快速但比较痛苦，年老体弱者不宜使用这种方法。

③支持疗法：包括改善营养状态，减轻戒断症状及急慢性中毒症状，可以使用复合维生素 B 片、维生素 C 片等。

④对症治疗：在戒除药物依赖的过程中，常有失眠、焦虑等症状，可采用不成瘾镇静药。以焦虑反应为主者，可适当选用抗焦虑药物。

⑤社会支持及精神疗法：应全面了解病人的需要、内在心理冲突、心理防御机制、应对方式及能力等，并了解和调整影响病人的生物、社会、心理等诸因素，努力取得病人及其家属的配合，进行健康教育，消除各种不良因素。病人大多意志薄弱，对治疗缺乏信心，必须经常鼓励和支持病人坚持治疗，鼓励其参加各项文体活动，转移对药瘾的注意力。

药物依赖经过正规治疗，意识状态恢复正常，精神症状消失，各项功能恢复至病前水平，即为治愈。

（2）避免产生药物依赖，科学用药。要想避免产生药物依赖性，就一定要科学用药。

①用药要遵从医嘱。

②用药前，要仔细阅读药品说明书中药品不良反应的部分。容易产生药物依赖性的药物多是一些麻醉精神类药物，医生或者药师会主动告知。这类药物，一定要在专业人士的指导下使用。

③如果用药后发现自己可能产生了药物依赖性，要及时就医。

④已经产生药物依赖的人，要明确认识到其危害，积极配合医生治疗，做好心理疏导，调节生活方式，适当增加体育锻炼。

知识考核

选择题

1. 下列选项中，（　　）不是吸烟导致的常见疾病。

A. 肺癌　　B. 支气管炎

C. 感冒　　D. 缺血性心脏病

2. 学生吸烟现象的个人因素中，以下选项中的（　　）不是主要原因。

A. 好奇心的驱使，模仿他人吸烟

B. 认为吸烟是人际交往的一种方式

C. 学校缺少丰富多彩的娱乐活动

D. 掩饰自卑、孤独的心理

3. 针对学生吸烟问题，以下应对策略中无效的是（　　）。

A. 教师应积极鼓励学生，减少批评

B. 向学生宣传吸烟对健康的危害

C. 学校应加强应试教育，以学业成绩为主

D. 教师和学生应共同营造良好的无烟环境

4. 过量饮酒对身体的直接危害不包括（　　）。

A. 诱发胰腺炎和十二指肠溃疡

B. 损害口腔、胃、肠等黏膜

C. 提高免疫力和抵抗力

D. 引发肝硬化

5. 下列选项中的（　　）不是酒精依赖的临床表现。

A. 对酒的渴求心理会随饮酒时间增长而增强

B. 饮酒成为一切活动的中心

C. 停止饮酒后出现幻觉和意识障碍

D. 饮酒后立刻感到疲劳全消，无需休息

6. 在帮助亲友戒酒的过程中，以下方法无效的是（　　）。

A. 选择酗酒者冷静的时候私下交谈

B. 责备并强制要求酗酒者戒酒

C. 讲述如果不戒酒可能导致的后果

D. 寻求专业机构的帮助

7. 下列选项中，（　　）不属于《中华人民共和国刑法》第三百五十七条所定义的毒品。

A. 鸦片　　　　B. 甲基苯丙胺（冰毒）

C. 安眠药　　　　D. 可卡因

8. 以下毒品中，（　　）的特点包括“导致心律不齐、血压高，心肺与肝功能损害”。

A. 甲基苯丙胺（冰毒）　　　　B. 氯胺酮（K 粉）

C. 可卡因　　　　D. 摇头丸

9. 关于预防毒品侵袭的应对方案，以下描述错误的是（　　）。

A. 青少年应积极掌握毒品知识，增强自制力，控制好奇心

B. 可以尝试陌生人的“馈赠”，因为有些毒品初次尝试不会上瘾

C. 慎重交友，避免与吸毒人员交往

D. 远离酒吧、歌舞厅等易染毒场所，不盲目追赶“时髦”

10. 下列关于药物依赖中生理性依赖的描述正确的是（　　）。

A. 使人产生一种愉快满足的感觉，并在精神上驱使用药者有连续或定期用药的欲望

B. 反复用药所造成的一种适应状态，中断用药后会产生强烈的身体方面的损害，即戒断症状

C. 实际上心理的依赖较之于躯体的依赖更常见，且躯体依赖可发生于任何剂量

D. 常见于镇静催眠药、抗焦虑药等，表现为流涕、流血、恶心、呕吐等心理不适反应

11. 关于戒除药物依赖的常见方法，以下说法错误的是（　　）。

A. 药物剂量递减法在戒药过程中以不出现明显的戒断症状为宜

B. 自然戒断法指硬性停药，通常7～10天完成，简单、快速且痛苦少

C. 支持疗法包括改善营养状态，减轻戒断症状及急慢性中毒症状

D. 对症治疗中，以焦虑反应为主者可适当选用抗焦虑药物

第六章 信息安全

学习目标

1. 了解什么是个人信息，理解保护个人信息的必要性，学会防范个人信息泄露。

2. 了解什么是网络电信诈骗，掌握网络诈骗的防范知识。

3. 了解什么是网络隐私权，熟悉信息安全相关法律法规，掌握正确使用网络的方法。

4. 增强信息安全意识，提升网络诈骗防范能力，掌握常用信息安全防护措施。

第一节 个人信息安全

案例分享

2015年至2017年间，J家具有限公司法定代表人梁某安排该公司市场部人员王某等人从家装建材、楼盘销售从业人员处非法购买大量公民个人信息，后利用电话推销模式，销售该公司家具产品。J公司使用上述方法销售家具非法获利243 274.34元。在此期间，被告人王某将购买的部分公民个人信息出售给他人，以此非法获利8 000元。

一、什么是个人信息

个人信息是指与个人相关的信息，具体来说是以电子或其他方式记录的能够单独或者与其他信息结合识别特定自然人的各种信息。个人信息可以是有形的，如姓名、地址、电话号码、身份证号等；也可以是无形的，如个人偏好、行为习惯、消费记录等。这些信息能够被用来识别、联系、描述个人。

个人信息包括但不限于以下几类：个人身份信息（如姓名、身份证号码、出生日期等）、个人生物识别信息（如指纹、虹膜、人脸等）、个人健康信息（如病史、过敏史、体检结果等）、个人财产信息（如房产、车辆、金融资产等）、个人位置信息（如行程轨迹、住址等）。

二、个人信息泄露的危害

个人信息受法律保护。随着数字化时代的到来，个人信息一旦泄露或者被非法使用，容易导致自然人的人格尊严受到侵害，或者人身、财产安全受到危害，产生各种安全问题。个人信息泄露的危害主要体现在以下方面：

1. 垃圾短信源源不断

以基站作为发送中心，向基站覆盖区域内的移动通信用户发送短信，此类短信发送系统每 10 分钟就可以发送 1.5 万条短信。

2. 骚扰电话接二连三

个人信息泄露后，经常会接到陌生人的电话，有推销保险的，有推销装修的，有推销婴儿用品的。

3. 垃圾邮件铺天盖地

个人信息泄露后，你的电子邮箱每天都会收到十几封垃圾邮件，以推销为主。所以许多人每天打开电子邮箱的第一件事就是删除垃圾邮件。

4. 冒名办卡透支欠款

有人通过购买你的个人信息，以你的名义从银行办理各种各样的信用卡，恶意透支消费，然后银行直接将催款单寄给了你。

5. 案件事故从天而降

不法分子可能利用你的个人信息干坏事，如果犯了什么案或发生什么事故，公安机关或交通管理部门可能会依据身份信息找到你的头上。

6. 不法公司前来诈骗

骗子知道了你的个人信息，编出各种耸人听闻的消息。他们对你的某个朋友、同学或亲戚知根知底，还能报出姓名与单位，要求你“帮忙”。在你心神不宁之时，就会做出错误判断，在慌乱中上了骗子的当。

7. 冒充公安机关工作人员要求转账

一些胆大妄为的不法分子冒充公安机关工作人员，报出你的个人信息，然后说最近经常发生诈骗案件，提醒你某个账户不安全，要求你转账，还告诉你一个“公安的咨询电话”，你一打那个电话还会得到确认，然后你信以为真，转账了。

8. 坑蒙拐骗乘虚而入

因为知道了你的个人信息，那些躲在暗处的骗子会费尽心机地想办法坑你、蒙你、拐你、骗你，稍不留神，可能就会落入坏人的圈套。因为，他们可能会冒充你的朋友、亲戚或同学，需要非常小心。

9. 账户钱款不翼而飞

有些不法分子用你的身份信息挂失你的银行账户或信用卡账户，然后重新补办卡，再设置好密码，如果你长时间不用卡，里面的钱款说不定已经不翼而飞了。

10. 个人名誉无端受毁

个人信息被泄露后，别人冒用你的名义所干的一切坏事都会归到你的名下。

三、保护个人信息的必要性

在日常生活中，我们常会遭遇各种垃圾信息以及诈骗手段，很多都是源于个人信息在不经意间的泄露。在自己看来，个人信息似乎没有多高的价值，但是一旦泄露，潜在的风险却是难以估量的，因此有必要采取各种措施保护个人信息。

1. 维护个人隐私权益

个人信息是每个人的隐私，这些信息如果被泄露或滥用，会对个人的生活造成困扰。通过个人信息保护能够防止个人隐私泄露或被恶意利用，从而维护个人权益。

2. 防止身份盗窃和欺诈

个人信息泄露后，不法分子可能会利用这些信息进行身份盗窃或欺诈活动。比如冒用他人的身份信息进行贷款、信用卡申请或购物等，导致个人财产和声誉遭受损失。通过保护个人信息，可以有效降低这种风险。

3. 保障社会安全

个人信息泄露不仅会对个人造成损害，还可能对社会秩序和稳定产生负面影响，甚至导致社会恐慌和信任危机。因此，保护个人信息也是维护社会秩序和稳定的必要举措。

4. 遵守法律法规

许多国家都制定了与个人信息保护相关的法律法规，要求企业和机构在收集、使用、存储和传输个人信息时必须遵守一定的规范和标准。我国颁布了《中华人民共和国个人信息保护法》，保护个人信息权益，规范个人信息处理活动，促进个人信息合理利用。保护个人信息是遵守法律法规的必然要求，也是企业和机构履行社会责任的重要体现。

四、如何保护个人信息

对于学生而言，保护个人信息至关重要。这不仅关系到个人隐私的安全，还可能影响到学业和未来的职业发展，因此每一位学生都必须学会保护好个人信息。

1. 提高信息安全意识

认识到保护个人信息的重要性，了解个人信息泄露可能带来的风险。主动了解和学习各种信息安全保护手段，在日常生活中时刻保持保护个人信息安全的意识。

2. 谨慎处理个人信息

不随意在公开场合或网络上透露自己的姓名、地址、电话号码、身份证号等敏感信息。在填写问卷、注册账号或参与活动时，仔细阅读相关条款，避免不必要的信息泄露。

妥善保管包含个人信息的票据，身份证复印件上写明用途。

3. 安全使用电子设备

在使用手机、电脑等电子设备时，通过强密码或生物识别技术来验证。定期更新软件和操作系统，以防止安全漏洞被利用。

4. 警惕网络诈骗

不轻易点击来自陌生人的链接或下载未知来源的附件，以防恶意软件或病毒。对要求提供个人信息的电子邮件或消息保持警惕，先验证，再行动。

5. 保护社交媒体隐私

仔细检查社交媒体的隐私设置，确保个人资料和动态只对信任的人可见。避免在社交媒体上过多分享个人生活细节，特别是涉及位置、日常习惯等敏感信息的细节。

6. 使用安全的网络连接

尽量避免在公共 Wi-Fi 环境下进行网银交易、登录重要账号等敏感操作。使用加密工具保护数据安全传输。

7. 定期备份数据

定期备份个人设备和云存储中的重要数据，以防数据丢失或被恶意删除。

8. 遵守法律法规

学习《中华人民共和国民法典》《中华人民共和国个人信息保护法》《中华人民共和国网络安全法》《中华人民共和国反电信网络诈骗法》等相关法律法规，增强守法意识，自觉履行法律规定的权利和义务。在处理个人信息时，确保自己的行为符合法律要求。

知识考核

选择题

1. 下列选项中的（　　）不属于个人信息范畴。

A. 姓名和身份证号码　　B. 购物偏好和消费记录

C. 天气预报信息　　D. 个人位置信息

2. 保护个人信息的根本目的是（　　）。

A. 鼓励数据共享以推动科技发展

B. 提高商业营销的效率

C. 维护个人隐私权益和社会安全

D. 允许企业随意收集公民信息

3. 以下选项中的（　　）不是个人信息泄露可能导致的后果。

A. 垃圾短信和骚扰电话增多

B. 个人银行账户资金安全受到威胁

C. 个人名誉无端受损

D. 公共场所的 Wi-Fi 信号会减弱

4. 下列选项中的（ ）不是保护个人信息的有效方法。

A. 定期更改账户密码，使用复杂的密码

B. 在公共场合随意丢弃包含个人信息的单据

C. 不随意在网络上透露个人信息

D. 安装防病毒软件和防火墙

5. 当你收到一条来自陌生号码的短信，声称你的银行账户存在安全风险，并要求你点击链接进行验证时，你应该（ ）。

A. 立即点击链接，输入个人信息进行验证

B. 忽略短信，不点击任何链接

C. 回复短信，询问详细情况

D. 拨打短信提供的客服电话，按短信提供的链接进行验证

6. 个人信息泄露后，不法分子可能通过（ ）实施诈骗。

A. 冒充公安机关工作人员要求转账　　B. 仅发送垃圾邮件

C. 发送合法的商业广告　　D. 仅通过电话推销产品

7. 关于个人信息保护的重要性，以下说法不正确的是（ ）。

A. 保护个人信息有助于维护个人隐私

B. 个人信息滥用对社会安全构成威胁

C. 个人信息保护是无关紧要的，因为信息泄露对个人影响不大

D. 保护个人信息是遵守法律法规的表现

第二节 电信网络诈骗的识别与防范

案例分享

2022 年 1 月，张某某接到陌生电话，对方自称是某平台客服，能准确说出张某某个人信息，并表示要帮助张某某消除不良贷款记录，否则会影响个人征信。张某某按照对方要求向多个网贷平台借款，并分别转到对方提供的账户，合计损失 6 万元。

一、什么是电信网络诈骗

电信网络诈骗是指不法分子通过电话、网络和短信等通信工具，编造虚假信息、设置骗局，对受害人实施远程、非接触式诈骗，诱使受害人转账或提供敏感信息的犯罪行为。其特征包括：

（1）非接触性，犯罪分子与受害人无面对面接触；

（2）技术依赖性，利用通信技术手段实施诈骗；

（3）跨地域性，犯罪行为与受害者可能身处不同地区甚至不同国家。

近年来，随着我国反诈骗宣传力度的加大，校园涉诈案件呈下降趋势，但防诈形势依然严峻，特别是针对在校学生的网络诈骗案件仍层出不穷，诈骗手段也日益翻新，让人防不胜防。

二、常见的诈骗手段

1. 网络购物诈骗

网络购物诈骗是指诈骗分子利用互联网购物平台或社交媒体等渠道，通过虚构交易、假冒身份、伪造商品等手段，诱骗消费者进行支付，从而骗取钱财的行为。诈骗分子通常会在微信群、朋友圈、网购平台或其他网站发布低价打折、海外代购、0元购物等虚假广告，在与受害人取得联系后，诱导其通过微信、QQ或其他社交软件添加好友进行商议，进而以私下交易可节约手续费或更方便为由，要求私下转账。受害人付款后，诈骗分子再以缴纳关税、定金、交易税、手续费等为由，诱骗受害人继续转账汇款，最后将受害人拉黑。

2. 盗号诈骗

盗号诈骗是一种通过盗取他人账号，并以被盗账号本人的身份向账号好友发送虚假信息以骗取钱财的诈骗方式。诈骗分子首先会通过非法手段（如钓鱼网站、恶意软件、暴力破解等）盗取他人的QQ、微信、游戏等账号，随后冒充账号主人与好友联系，编造各种虚假信息（如好友住院、网购退款、手机欠费代充、朋友急用钱、亲友借钱、代付商品款等），在骗取好友信任后，要求进行转账或打款操作，从而骗取钱财。学生通常喜欢设置简单的密码，容易造成个人账号被盗，是诈骗分子重点针对的群体。

3. 网游装备诈骗

在网络游戏环境中，诈骗分子通过虚假交易、冒充官方或玩家身份、伪造游戏道具或账号等手段，诱骗其他玩家进行支付或交易，从而骗取钱财或游戏物品。很多学生喜欢玩游戏，一看到低价售卖游戏装备、账号的，出于贪便宜的心理，往往会上当受骗。

4. 刷单返利诈骗

诈骗分子利用招聘网站、QQ群、微信群等发布虚假兼职信息（如给电商平台商铺刷单以提升销量、信誉度），以高额回报为诱饵，套用真实刷单兼职的工作流程，等刷单成功后，再以系统网络故障、账户冻结等为借口，要求受害人多次汇款，进行网络诈骗。学生往往会利用假期、实习期找一份兼职工作，网络骗子正是看准了这个机会，对求职心切、社会经验不足的学生进行诈骗。

5. 网上中奖诈骗

诈骗分子利用传播软件向QQ用户、微信用户、邮箱用户、网络游戏用户、淘宝用户等发布中奖提示信息，当受害者按照指定的“电话”或“网页”进行咨询查证时，引诱其扫码、加入微信群或下载 App 进行“领奖”操作，以“中奖”缴税等各种理由让受害者一次次汇款。直到失去联系，受害者才发觉被骗。

6. 交友诈骗

诈骗分子利用人们的交友需求和信任心理，伪造一个虚假身份，并以交友的名义与受害者初步建立感情，在博取受害者的信任后，以缺钱、看病等名义让受害者向其汇款，或诱导受害者投资虚假项目或购买虚假理财产品，最终失去联系。

三、识别诈骗的十个公式

1. 公式 1：公、检、法来电＋安全账户＝诈骗

骗子冒充警察、检察官或法官，通过电话、网络等方式与受害者取得联系。他们会以极其严肃的口吻告知你，你涉嫌洗钱、贩毒、非法集资等重大犯罪，案件已经进入司法程序，情况十分紧急。为了增加可信度，他们甚至能准确说出你的姓名、身份证号、家庭住址等个人信息，让你瞬间陷入恐慌。

紧接着，骗子就会抛出“安全账户”这一诱饵。他们声称，为了避免你的资金被冻结或用于非法活动，需要你将所有资金转移到一个所谓的“安全账户”进行清查或监管。一旦你信以为真，按照他们的要求转账，那你的钱就如同石沉大海，有去无回了。

公、检、法机关绝对不会通过电话、网络等方式进行办案，更不会设立什么“安全账户”。如果真的涉及案件，他们会按照正规程序与你沟通，并出示相关的法律文书和证件。所以，以后再接到自称公、检、法人员的电话，提到“安全账户”“清查资金”“转账汇款”等关键词，直接挂断电话就可以了。

2. 公式 2：网恋交友＋引导投资＝诈骗

“杀猪盘”是近年来出现的一种新型诈骗方式。骗子们通常会在各大婚恋平台、社交软件上广撒网，寻找那些情感空虚、渴望爱情的单身男女作为目标。他们会精心打造自己的人设，把自己包装成事业有成、温柔体贴、帅气、美丽的优质对象，通过频繁的聊天、关心和陪伴，逐渐赢得受害者的信任和好感。

一旦感情基础建立起来，骗子就会以各种理由，如自己掌握了某个投资平台的内幕消息、发现了一个稳赚不赔的投资项目等，诱导受害者进行投资。起初，为了让受害者尝到甜头，增加信任度，骗子会让受害者在投资中获得一些小额回报。但随着受害者投入金额的不断增加，骗子会通过控制后台数据，让受害者的投资血本无归。

网恋需谨慎，涉及钱财的事情更是要格外小心。在与网友交往时，一定要保持清醒的头脑，不要被对方的甜言蜜语和虚假身份所迷惑。如果对方突然提出投资、借钱等要求，一定要果断拒绝，并及时向身边的亲朋好友咨询，或者向警方求助。记住，真正的爱情是不会与金钱挂钩的，如果一段感情总是围绕着钱打转，那其中很可能隐藏着不可告人的秘密。

3. 公式 3：兼职刷单＋小额返利＋持续投入＝诈骗

骗子们会在各大社交平台、兼职网站，或者通过短信、电话等方式，广泛发布兼职

刷单信息。这些信息往往打着“足不出户，轻松赚钱”“高额佣金，日结工资”的旗号，声称只需要动动手指，就能轻松赚取高额报酬。

当你被这些诱人的信息吸引、联系骗子后，他们会先给你安排一些简单的小任务，比如关注某个公众号、点赞某个视频、给某个商品刷销量等。完成这些任务后，你会很快收到一笔小额返利，可能是几元、十几元，甚至几十元。这看似轻轻松松就能赚到的钱，就像甜蜜的诱饵，会让你逐渐放松警惕，相信这真的是一条赚钱的捷径。

尝到甜头的你，在骗子的诱导下开始下载他们提供的刷单 App，进行所谓的“进阶任务”。这些任务的金额会逐渐增大，从几百元到几千元不等。为了获取更高的返利，你会毫不犹豫地投入更多的资金。然而，当你完成任务想要提现时，却发现自己的账户被冻结了，或者提现申请被拒绝了。这时，骗子会以各种理由要求你继续投入资金，比如需要完成连续任务才能解冻账户、需要缴纳手续费才能提现、需要充值一定金额才能激活账户等。

在巨大的利益诱惑和不甘心前期投入打水漂的心理驱使下，很多人会选择相信骗子的话，继续投入资金。可结果却是，投入的钱越来越多，却始终无法提现，直到最后才发现自己被骗了，而此时骗子早已消失得无影无踪。

刷单本身就是违法行为，不要抱有任何侥幸心理。天下没有免费的午餐，更不会有轻轻松松就能赚大钱的好事。如果有人告诉你，只需要动动手指，就能获得高额回报，那一定是诈骗！当你遇到类似的情况时，一定要保持清醒的头脑，不要被眼前的小利所迷惑。及时止损，才是最明智的选择。一旦发现自己被骗，要第一时间报警，尽可能地提供相关证据，配合警方的调查，争取挽回自己的损失。

4. 公式 4：冒充熟人＋紧急借钱＝诈骗

你可能正在忙工作，突然收到领导的微信，说他有急事需要马上转一笔钱，还特别强调事情紧急，让你别声张；或者你在刷社交软件时，许久未联系的朋友突然发来消息，称自己遇到了大麻烦，急需用钱，承诺过几天就还。面对这些情况，很多人出于对熟人的信任和帮忙的心理，往往来不及多想就把钱转了过去。可等回过神来，想要跟对方确认时，却发现自己已经被拉黑了，这才意识到上当受骗了。

无论对方是谁，只要涉及转账汇款，一定要多留个心眼。即使对方的语气再着急，理由再充分，也不能轻易相信。在这个信息泄露无处不在的时代，我们的个人信息、社交账号都有可能被不法分子获取利用。因此，遇到熟人借钱的情况，务必通过电话、视频等方式核实对方的身份。

5. 公式 5：快递丢失＋索要验证码＝诈骗

你突然接到一个电话，对方自称是某知名快递公司的客服，声音温柔且诚恳，准确无误地说出了你的姓名、地址和购买的商品信息，告知你购买的快递在运输途中不慎丢失，为了表达歉意，公司将给予你高额赔偿。你一听，心里虽然有点懊恼，但想着能得到赔偿，也就没太在意。紧接着，对方提出需要你提供一些信息来完成理赔流程，比如银行卡号、身份证号，甚至是验证码。

这时候，你可要千万小心了！这很可能是一场精心策划的诈骗。验证码作为保护我们账户安全的一道重要防线，一旦泄露，后果不堪设想。诈骗分子正是利用我们对快递丢失的担忧和对赔偿的期待，一步步诱导我们交出验证码，从而盗刷我们银行卡里的资金。

当接到快递丢失的理赔电话时，一定要保持冷静。通过官方渠道，如快递公司的官方客服电话、官方 App 等，核实快递的真实情况。千万不要随意点击对方发送的链接，也不要轻易提供个人信息和验证码。验证码就像是你账户的“钥匙”，一旦交给了别人，你的账户就如同敞开大门的房子，任人掠夺。

6. 公式 6：游戏装备赠送＋扫码领取＝诈骗

骗子通常会在游戏世界的公屏聊天、社交群组，甚至是游戏直播弹幕中，发布一些极具诱惑性的消息，比如“免费领取顶级游戏装备，限时福利，先到先得”“扫码即可领取限量版游戏皮肤，让你的角色独一无二”。当你被这些诱人的信息吸引，扫描他们提供的二维码后，就会进入一个看似正规的游戏页面。在这个页面上，你会被要求填写游戏账号、密码等信息，甚至还可能需要输入手机验证码。

一旦你按照要求填写了这些信息，你的账号就处于危险之中了。骗子们会利用你提供的账号和密码，登录你的游戏账号，将你的游戏装备、游戏币等虚拟财产洗劫一空。更有甚者，他们还会通过获取你的手机验证码，盗刷你的银行卡，让你遭受更大的经济损失。

天下没有免费的午餐，尤其是在虚拟的游戏世界里。如果遇到有人以赠送游戏装备为理由，要求你扫码填写账号、密码等信息，千万不要轻信。

7. 公式 7：陌生购物广告＋私下转账＝诈骗

骗子们会在微信、QQ、小红书、抖音等社交平台上，发布一些极具吸引力的虚假购物广告。这些广告宣传的商品往往价格低廉、款式新颖，让人看了就心动不已。比如，一款名牌包包，在官方旗舰店售价数千元，而在他们的广告中，只需几百元就能买到；或者是限量版的运动鞋、热门的电子产品等，都以超低的价格诱惑着消费者。

当你被这些诱人的广告吸引，主动联系骗子询问商品详情时，他们会热情地与你沟通，解答你的各种疑问，让你逐渐放松警惕。接着，他们会以各种理由，如避免平台手续费、交易更便捷等，诱导你进行私下转账交易。一旦你按照他们的要求转账，要么迟迟收不到商品，要么收到的是假冒伪劣商品，而当你想要联系卖家退款时，却发现对方已经消失得无影无踪。

在社交平台上看到陌生的购物广告时，一定要保持警惕。不要被低价所迷惑，更不要轻易进行私下转账交易。购买商品时，尽量选择正规的购物平台，通过平台的交易流程进行支付。

8. 公式 8：航班取消＋办理退改签＝诈骗

当你订好机票，即将踏上一段期待已久的旅程时，突然接到一个电话，对方自称是航空公司的客服，语气焦急地告知你，你所乘坐的航班因为机械故障、恶劣天气等原因取消了。为了不耽误你的行程，他们可以帮你办理退改签手续。

对方准确地说出了你的姓名、航班号、起飞时间等信息，让你深信不疑。在对方的诱导下，你按照要求下载了一个 App，并在 App 上输入了自己的银行账号信息和验证码。结果，没过多久，你就收到了银行的扣款短信，卡内的几万元被转走了。

当接到航班取消的通知时，不要慌张，更不要盲目相信对方的话。要通过航空公司的官方客服电话、官方 App 或者机场的公告等正规渠道，核实航班的真实情况。

9. 公式 9：无抵押低息贷款＋先付费＝诈骗

骗子们打着“无抵押、低利息、快速放款”的旗号，通过网络、电话、短信等各种渠道大肆发布虚假贷款信息。

一旦你被这些诱人的广告吸引，主动联系骗子，他们就会以各种理由要求你先支付一些费用，比如手续费、保证金、保险费、验证费等。他们会信誓旦旦地承诺，只要你支付了这些费用，贷款就会马上到账。而当你按照他们的要求支付了费用后，要么就是贷款迟迟不到账，要么就是对方直接消失得无影无踪，你的钱就这样打了水漂。

所以，在这里要提醒大家，贷款一定要选择正规的金融机构，如银行、持牌金融公司等。这些正规机构在办理贷款业务时，是不会要求你在放款前支付任何费用的。如果有人向你推荐这样的贷款，并且要求你先付费，那一定是诈骗。

10. 公式 10：客服＋关闭服务＝诈骗

骗子冒充××客服，声称受害人开通了“××电商直播会员”服务，如不关闭将连续 12 个月每月自动扣费 800 元，扣费失败则会影响征信。引导受害人通过 QQ、电话等方式联系“金融客服专员”线上关闭此服务，在此过程中，对方以“核实账户”“验资”为由要求受害人将银行账户内的资金或在网贷平台上申请的贷款转入指定账户。随后，“金融客服专员”以“操作失误”“审核失败”等理由，诱骗受害人不断往指定账户转账，直至掏空其钱包。

凡是自称客服人员，以“××电商直播会员”“微信百万保障”不取消会自动扣费、影响征信为由，引导操作转账汇款的，都是诈骗。不要轻易向陌生账号转账汇款，谨防上当受骗。拒绝与陌生人“共享屏幕”，不给不法分子可乘之机。

四、防范和应对电信网络诈骗

学生作为互联网使用的重要群体，面临着网络诈骗的潜在威胁。近年来，学生被网络诈骗的案例屡见不鲜，当我们认为网络诈骗离自己很遥远时，可能骗子正在编织诈骗大网悄然向你靠近。那么，我们应该如何有效地应对和防范网络诈骗呢？

1. 应对网络诈骗

（1）保持冷静。在遭遇网络诈骗时，要保持冷静和理智。不要轻信诈骗分子的威胁或恐吓，也不要轻易转账或提供个人信息。

（2）及时报警。一旦发现被骗，要立即拨打 110 报警。同时，保留好与诈骗分子的聊天记录、转账记录等证据，以便警方调查取证。

（3）寻求帮助。在遭遇网络诈骗后，可以向学校、家长或相关部门寻求帮助和支持，帮助你挽回损失。96110 是官方预警劝阻专线，如接到该号码来电，说明机主本人或家人正在遭遇电信网络诈骗，一定要及时接听并耐心听取民警的劝阻提示，避免上当受骗。

2. 如何避免经济损失

（1）在诈骗案件发生后，到公安机关报案时，应在简单说明案情后，要求警方暂缓办理接报案件手续，并在警方陪同下快速到银行办理冻结被害人银行卡的手续，阻止犯罪嫌疑人转账、提款。

（2）如果能准确提供涉嫌诈骗的银行卡号，可以拨打涉嫌诈骗的银行卡号所属的银行客服电话查询该卡的开户地点，并迅速到营业网点查清资金流向；如果不能准确提供，则可以到银行柜台凭本人身份证和银行卡查询骗子的账号。

（3）通过冻结涉嫌诈骗的银行卡号为公安机关破案争取时间。通过拨打该诈骗账号所属银行的客服电话，根据语音提示，输入该诈骗账号，然后重复输错 5 次密码就能使该诈骗账号被冻结 24 小时，这项操作是为了防止嫌疑人向手机银行转账。如果被骗的钱较多，一定要在次日的凌晨重复上述操作，则可以继续冻结 24 小时。进入网上银行页面输入该诈骗账号，重复输错 5 次密码，同样可以使该账号被冻结 24 小时，这项操作是为了防止嫌疑人在网上银行转账。

3. 防范网络电信诈骗

（1）加强宣传教育。学校和家长要加强对学生的网络安全教育，提高他们的防范意识和能力。可以通过举办讲座、发放宣传资料等方式进行宣传和教育。

（2）安装安全软件。在手机和电脑上安装杀毒软件、防火墙等，这些软件可以及时发现并阻止恶意软件的入侵和攻击。2021 年，公安部推出的国家反诈骗中心 App 正式上线，它是一款集诈骗预警提示、报案助手、线索举报、反诈宣传等功能于一体的手机软件，可以有效帮助用户预警诈骗信息、快速举报诈骗内容、高效提取电子证据、了解防骗技巧，切实提升用户的识骗防骗能力。

（3）不贪图便宜。骗子往往利用人的贪婪心理，通过虚假优惠、中奖信息、低价商品等精心设计的陷阱，诱使受害者上当受骗。因此，作为涉世未深的学生，要始终保持清醒的头脑，不轻易相信陌生人的诱惑。

（4）保护个人信息。不要将个人信息、银行卡密码、验证码等敏感信息轻易透露给陌生人或在不安全的网络环境下输入，这些信息很可能会被不法分子用来实施诈骗。

（5）谨慎交友。在网络上交友时要谨慎选择对象，避免与陌生人进行过于深入的交流或涉及金钱交易。同时，要注意保护个人隐私和信息安全。

（6）不参与非法活动。网络刷单、网络借贷、网络赌博、网络传销等非法活动，不仅违反了法律法规，而且对社会和个人造成了严重的负面影响。为了维护网络环境的健康和安全，我们应该坚决抵制这些非法活动。

知识考核

选择题

1. 关于提高对电信网络诈骗的认识，以下说法错误的是（　　）。

A. 不轻信

B. 不随意转账

C. 电脑、手机收到的信息都是权威的，按照上面说的做

D. 遇到事情多核实

2.（多选题）小明是一名大学生，认识一个老板，说要以每张 500 元的价格向小明收购银行卡，以下说法正确的是（　　）。

A. 个人出租、出借、出售的银行账户和收款码大多被用于非法洗钱

B. 个人出租、出借、出售的银行账户和收款码将会承担相应的法律责任

C. 正好能赚点学费，赶紧到多个银行办理银行卡卖给老板

D. 那位老板是卡头卡贩，要马上向公安机关报案

3. 下列行为中的（　　）不属于网络诈骗的常见手段。

A. 利用 QQ、微信盗号进行诈骗

B. 在网上购买到与描述完全相符的正品商品

C. 通过假链接或假网页进行网络购物诈骗

D. 发布虚假中奖信息骗取汇款

4. 在网络购物中，如果卖家拒绝使用网站提供的安全支付工具，并声称“自己的账户最近出现故障”，这可能意味着（　　）。

A. 卖家确实遇到了技术问题

B. 卖家想以更便宜的价格成交，以避免手续费

C. 卖家可能在进行诈骗

D. 卖家不熟悉网站操作流程

5. 对于网络上的招聘信息，以下行为中的（　　）最应引起毕业生的警惕。

A. 要求提供家庭住址和电话号码

B. 要求进行电话面试并支付一定的报名费

C. 提供详细的公司介绍和面试流程

D. 邀请前往公司实地参观并面试

6. 下列建议中不能有效防范电信网络诈骗的是（　　）。

A. 谨慎对待价格异常偏低的商品

B. 随意在网上透露自己的银行账号和密码

C. 使用官方或知名的支付平台进行交易

D. 仔细甄别网站域名的真伪

7. 当你在网上遇到要求你预先支付定金或保证金的交易时，你应该（ ）。

A. 立即支付，以确保能尽快收到商品

B. 先核实卖家的信誉和商品的真实性，再决定是否支付

C. 直接忽略，寻找其他不需要预付的交易

D. 立即向相关机构举报该卖家

8. 为提高自我保护意识，以下做法正确的是（ ）。

A. 在公共场所如网吧使用自己的账号进行网络购物

B. 随意在网上填写个人证件号码和账户密码

C. 仔细保管个人信息，不轻易透露给他人

D. 轻易相信并支付任何未经核实的网络中奖信息

9. 以下选项中的（ ）是电信网络诈骗官方预警劝阻专线。

A. 110　　B. 96110　　C. 12345　　D. 12315

10. 以下不属于电信网络诈骗特征的是（ ）。

A. 非接触性　　B. 面对面接触性

C. 技术依赖性　　D. 跨地域性

11. 当接到自称公、检、法人员的电话，提到以下关键词中的（ ）时，可直接挂断。

A. 案件调查　　B. 配合询问

C. 安全账户　　D. 法律程序

12. “杀猪盘”诈骗中，骗子在感情基础建立起来后，通常会以（ ）为理由诱导受害者进行投资。

A. 发现新的旅游景点

B. 掌握某个投资平台的内幕消息

C. 邀请参加聚会

D. 分享生活趣事

13. 以下情况中（ ）最可能是冒充客服在实施诈骗。

A. 客服称商品有质量问题要退款，要求提供银行卡号和验证码

B. 客服称商品已发货，提供快递单号

C. 客服询问商品使用感受

D. 客服提醒关注店铺新活动

14. 以下关于防范电信网络诈骗的说法正确的是（ ）。

A. 公、检、法机关可能会使用电话方式对涉嫌犯罪、电话欠费等问题进行处理

B. 接到陌生人电话，应主动猜测对方是谁，并答应对方要求

C. 凡以入会、提成为名义让股民交钱后提供优质股票信息的均属非法行为

D. 接到能说出孩子电话或姓名的电话，应马上按对方要求操作

15. 如果不幸遭遇电信网络诈骗，为避免经济损失，以下做法错误的是（　　）。

A. 到公安机关报案时，要求警方暂缓办理接报案件手续，在警方陪同下快速至银行办理冻结被害人银行卡的手续

B. 如果不能准确提供涉嫌诈骗的银行卡号，就无法采取任何措施

C. 通过拨打涉嫌诈骗账号所属银行的客服电话，根据语音提示，输入该诈骗账号，然后重复输错 5 次密码就能使该诈骗账号被冻结 24 小时

D. 进入网上银行页面输入涉嫌诈骗账号，重复输错 5 次密码，同样可以使该账号被冻结 24 小时

第三节 正确使用网络

案例分享

某学生面对学业压力和多元化的学习需求，充分利用网络资源，作出了高效且健康使用网络的示范。该生在正规教育平台观看教学视频，参与在线讨论，利用时间管理软件规划学习与休息，设置网站拦截以减少干扰，并关注有益账号增长见识。此举不仅提升了他的学习成绩，还培养了良好的学习习惯。

该案例体现了个人如何通过自我管理与正确选择，在网络环境中实现高效学习与个人成长。要主动利用高质量网络教育资源，结合时间管理和自我控制策略，有效规避网络潜在的分散注意力风险。这一实例证明，网络虽是双刃剑，但通过用户自律与明智利用，可以极大赋能现代学习方式，培养学生适应数字时代的学习习惯和自我提升能力。

一、什么是网络隐私权

网络隐私权是指公民在网络中（包括局域网、广域网、互联网）享有的个人信息、网上个人活动依法受到保护，不被他人非法侵犯、知悉、搜集、复制、公开、传播和利用的一种人格权。它是隐私权在网络空间中的表现形式，伴随着互联网的普及而产生，也随着网络技术的发展而呈现出涉及广、传播快、保护难的特点。网络隐私权的具体内容包括以下几个方面。

1. 个人资料信息收集的知悉权

任何单位和个人在收集使用他人的个人数据资料时，必须向资料的所有者进行及时、准确的告知。网络用户有权知道数据的使用者收集了哪些信息，信息的具体内容是什么，这些信息将被如何利用以及数据拥有人的相关权利等。

2. 资料收集的选择权

用户有权选择是否提供个人信息以及提供哪些信息。然而，在现实中，由于很多网站提供的服务与用户提供的信息资料直接相关，选择权的真正实现尚需各方努力。

3. 个人资料信息的控制权

这是网络隐私权的核心。网络隐私权人有权通过合理的途径访问、查阅被收集和整理的网络个人资料信息，并对错误的个人资料信息进行修改、补充、删除，以保证网络个人资料信息的完整、准确。同时，任何单位或个人未经网络用户本人的同意或授权，不得随意公开、使用或处置用户的网络个人资料信息。

二、网络隐私权立法保护

我国已基本构建完善的涉及网络隐私权保护的法律框架，主要包括以下几部重要的法律法规。

《中华人民共和国刑法》对于非法获取、出售或者提供公民个人信息的行为，规定了相应的刑罚，有力打击了网络隐私侵权行为。

《中华人民共和国民法典》规定了民事主体享有名誉权，任何组织或者个人不得以侮辱、诽谤等方式侵害他人的名誉权；网络服务提供者利用网络侵害他人民事权益的，应当承担侵权责任。

《中华人民共和国网络安全法》是我国第一部全面规范网络空间安全管理的基础性法律，明确了部门、企业、社会组织和个人的权利、义务和责任，规定了国家网络安全工作的基本原则、主要任务和重大指导思想，规定了任何个人和组织不得窃取或者以其他非法方式获取个人信息，不得非法出售或者非法向他人提供个人信息。

《中华人民共和国个人信息保护法》旨在构建完善的个人信息保护制度，规范个人信息处理活动，确保公民个人信息权益得到充分保障，维护网络空间秩序和社会公共利益。规定了自然人的个人信息受法律保护，任何组织、个人不得侵害自然人的个人信息权益。

《中华人民共和国数据安全法》是数据安全领域的基础性法律，致力于规范数据处理活动，确保数据的安全与合规，促进数据的合理开发利用，保护个人和组织的合法权益，同时维护国家安全与发展利益。

《未成年人网络保护条例》旨在营造有利于未成年人身心健康的网络环境，保障未成年人合法权益，为未成年人网络保护提供有力的法治保障。

三、职业院校学生如何正确使用网络

职业院校学生应从自身点滴做起，为创造一个文明、健康的网络环境而努力。

1. 学习相关法律知识

职业院校学生应了解与网络相关的法律法规，充分认识到网络并不是法外之地，而是有法律法规和道德规范约束的公共空间，不传播虚假信息，不参与网络暴力。

2. 坚持正确的网络观念

职业院校学生应树立正确的网络观念，制订合理的上网时间计划，平衡好学习、休息和娱乐的时间，确保不影响学业和身体健康，避免沉溺于网络世界。

3. 保护个人信息安全

职业院校学生在上网时应注意保护个人隐私，不泄露自己的真实姓名、身份证号等重要信息。避免在不安全的网站或不安全的网络环境下输入个人账号和密码。尤其注意不要将自己或者家人的姓名、电话号码、所在学校、家庭住址等真实信息透露给他人。尽可能不要在网上论坛、广告栏或聊天室公开你的邮箱地址。

4. 正确对待网络信息

职业院校学生应辨别信息真伪，不轻信谣言，不传播未经证实的消息，增强自我保护能力。可以在电脑上安装一些过滤软件，净化网络空间。

5. 学会文明交流

在网络交流中，职业院校学生应遵循网络礼仪，尊重他人，注意措辞，不侮辱他人，不恶意攻击他人，不散布谣言，更不要发布或传播触犯法律法规的内容。

6. 善于利用网络学习

职业院校学生可以通过网络接触到广阔的学习空间，有效地获取信息、学习知识、交流情感和了解社会，要善于利用网络平台获取优质的专业课程学习资源，不断提高个人的专业素养和技能水平。

知识考核

选择题

1. 网络隐私权不包括以下选项中的（　　）。

A. 网络用户在申请服务时提供的身份识别信息

B. 个人在网络游戏中的得分和成就

C. 个人的电子邮箱地址

D. 个人上网活动的踪迹及内容信息

2.《中华人民共和国网络安全法》正式实施的时间是（　　）。

A. 2017 年 6 月 1 日　　B. 2017 年 10 月 1 日

C. 2019 年 1 月 1 日　　D. 2020 年 7 月 1 日

3. 下列选项中的（　　）不属于正确使用网络的行为。

A. 了解并遵守网络相关法律法规和道德规范

B. 在网络上随意泄露自己的真实姓名和身份证号码

C. 辨别真伪信息，不传播未经证实的消息

D. 在网络交流中尊重他人，不侮辱或恶意攻击他人

4. 以下行为中的（　　）违反了《中华人民共和国网络安全法》的规定。

A. 定期检查计算机安全　　B. 向他人提供病毒样本

C. 举报网络诈骗行为　　D. 更新操作系统补丁

5. 在网络上我们会遇到很多好玩的网络游戏，以下对网络游戏的看法中正确的是（　　）。

A. 游戏很好玩，多花时间在上面

B. 在工作学习之余，尽情地玩，不顾及时间

C. 将网络游戏作为精神寄托，沉迷其中

D. 可以玩益智类游戏，并注意时间不可过长

6. 未成年人小赵常常逃学，每天上网时间 8 小时以上，而且上网时间越来越长，无法自控，特别是晚上常常上网到深夜。我们一般称小赵这种状况为（　　）。

A. 网络爱好者　　B. 网络沉迷

C. 厌学症　　D. 失足少年

7. 提倡文明上网，健康生活，我们不应该（　　）。

A. 在网上对其他网友进行人身攻击

B. 自觉抵制网上的虚假、低俗内容，让有害信息无处藏身

C. 浏览合法网站，不超时，不熬夜

D. 不信谣，不传谣，不造谣

8. 如果我们在 QQ、微信、电子邮箱中浏览到不良信息或言论时，应该（　　）。

A. 不损害自己利益，不关心

B. 介绍给其他人浏览，并进行扩散

C. 阅读该信息并参与言论

D. 立即关闭并告诉老师或父母

9. 以下情况中，最可能构成对个人隐私权侵犯的是（　　）。

A. 在公共场所拍摄风景照片

B. 在未经允许的情况下拍摄他人肖像

C. 在社交媒体上分享自己的旅行经历

D. 在家中安装监控摄像头，以保护财产安全

第七章 心理健康导航

学习目标

1. 了解中职生常见的学习心理问题、情感心理问题、个性心理问题、自我意识问题、人际心理问题、性心理问题、择业心理问题。

2. 掌握缓解压力和管理情绪的方法，并能及时疏解自身心理问题。

第一节 常见心理问题的识别与预防

案例分享

小华是一名中职一年级的学生，就读于某职业技术学校的机电专业。他原本对机械操作充满兴趣，但进入学校后，随着课程难度的增加和实训要求的提高，小华开始感到力不从心。同时，周围同学中不乏技能出众、成绩优异者，这进一步加剧了他的压力感。

小华的心理问题表现如下：

(1) 焦虑情绪。小华经常担心自己无法掌握专业技能，害怕在实训中出错被老师和同学嘲笑。这种焦虑情绪逐渐蔓延到日常生活中，导致他晚上难以入睡，白天精神不振。

(2) 自我怀疑。随着焦虑情绪的加深，小华开始怀疑自己的能力和价值。他觉得自己不如其他同学聪明，也不适合学习这个专业，甚至开始考虑放弃学业。

(3) 社交障碍。由于长期沉浸在自我否定的情绪中，小华变得越来越孤僻，不愿意与同学交流。他害怕别人看出他的不安和无力，因此选择逃避社交场合。

由于心理问题的干扰，小华的学业成绩开始下滑。他无法集中精力听讲，也无法按时完成作业和实训任务。这进一步加重了他的心理负担，形成了恶性循环。

经过辅导老师一段时间的干预和帮助，小华的心理问题得到了有效缓解。他重新找回了对学习的热情和信心，也学会了如何面对挑战和困难。

一、职业院校学生常见的心理问题

1. 学习心理问题

学习是学生的第一要务和主导活动，职校生的身心发展也主要是通过学习来实现的。职校教育阶段是职校生学习与发展的重要时期、黄金时期，而学习心理问题也是职校生最普遍、最常见、最突出的心理问题。

（1）学习目标不够明确。一些学生对进入职业学校学习自信心不足，甚至没有学习的近期、中期和远期目标，因而学习态度不够端正，只求能够过得去，甚至是得过且过。

（2）学习动机层次不高。一些职校生对学习的认知内驱力不足，对学习提不起兴趣，学习的实用化倾向十分明显，过分追求学习上的急功近利和“短平快”，对学习文化基础课和思想品德课很不情愿，觉得学了将来没有用，等于在浪费时间，还不如不学。

（3）学习方法不当，学习习惯不良。一些职校生在初中阶段没有养成良好的学习习惯，不知道怎样更科学、更有效地学习，因为不会学，所以学不好，由学不好到不愿学，最后发展到厌学、逃学。

（4）学习的认知能力水平较低。一些职校生对学习过程、学习活动和自己的学习习惯缺少必要的反思，不懂得科学合理地安排学习时间，不懂得如何反思和解决学习中存在的问题。

（5）学习焦虑。一些职校生是读不进书又不得不读书，在家中瞒着父母，在学校应付老师，对学习有着一种“剪不断，理还乱”、摆脱不掉的心理压力。对考试或专业课程的学习存在比较严重的恐惧心理，有明显的厌学情绪和行为。

2. 情感心理问题

一般认为，情感是人对客观事物态度的一种反映，是客观现实是否符合自己需要而产生的体验。职校生的内心世界是五彩缤纷、各具特色的，而情感最能体现他们内心世界的丰富多彩和复杂多变。

（1）情绪不稳定，情绪自控能力较弱。处于青年初期的职校生具有明显的情绪两极性，比少年期更为突出，容易出现高强度的兴奋、激动，或是极端的愤怒、悲观。他们的情绪变化很快，常常是稍遇刺激，即刻爆发，出现偏激情绪和极端的行为方式，冲动性强，理智性差。在日常生活中，一些职校生情绪躁动不安，动不动就想哭，大叫大喊或摔砸东西，与同学、朋友争论起来面红耳赤，甚至发生激烈的争执。

（2）社会性情感表现冷漠。就其实质而言，人的冷漠是多次遭遇严重挫折之后的一种习惯性的退缩反应。一些情感冷漠的职校生对他人怀有戒心或敌意，对人、对事态度冷淡、漠不关心，有时近乎“冷酷无情”；对集体活动冷眼旁观，置身事外，给人一种“看破红尘”的感觉。

（3）感情容易遭受挫折，挫折容忍力弱。面对当今社会的一些偏见，以及劳动力市场上越来越激烈的就业竞争，职校生群体普遍感到压力很大，对逆境没有做好充分的心理准备，不清楚如何把握自己的命运。一些职校生稍遇挫折，就觉得受不了，产生厌世心理。

（4）情感严重压抑，情绪体验消极。一些家长认为孩子只有进入重点学校、进了大学的门，才有前途和出息；进入职业学校，等于是在成才道路上领到一张红牌，被判定“下场”或没出息。在社会和家庭的双重刺激下，职校生的心理压力较大，常常有身心疲惫感，觉得自己活得很累。特别是一些单亲家庭、经济困难家庭或家庭关系不和睦的职校生，不愿意和别人交流自己的真实感受，也不善于合理宣泄自己的不良情绪，很容易产生抑郁、悲观等消极情绪体验。

3. 个性心理问题

个性是个体经常表现出来的具有一定倾向性的、比较稳定的心理特征的总和，是一个人的基本精神面貌。有些职校生存在“落水者”心态、“失败者”心态、“多余人”心态，使得他们难以拥有一个健康健全的人格和振奋向上的个性面貌。

（1）缺乏应有的积极理想和追求。一些职校生在进入职业学校时就觉得自己是被淘汰的或者被遗弃的人，认为自己是将来没有出息、事业上难有作为、几乎没有什么希望的人，因而往往表现为精神萎靡不振，思想上不求进步，学习上不思进取，生活上自由散漫，抱着混日子的心态打发时间。

（2）社会适应能力较弱。一些职校生由于受到来自长辈的过分关爱，依赖性强，生活自理能力差，难以顺利适应职业学校的集体生活。由于缺乏集体生活的磨炼，他们社会生活经验比较少，社会认知方式不够合理，往往对社会现象缺乏理智的判断，分不清哪些是对的或错的，哪些事情对自己的人生发展是重要的，而哪些在目前又是次要的。

（3）人格尊严受到损害。由于初中阶段学业成绩不理想，一些职校生的人格尊严得不到认同。社会上一些人忽视了职校生，职校生在他们眼中是“不上进”的人，是老师眼中“不可教”的孩子，是家长眼中“没希望”的一代，是亲友眼中“不学好”的典型，是现实社会中“多余人”的代表。

（4）不良性格特征。由于多种因素影响，一些职校生存在狭隘、妒忌、暴躁、敌对、依赖、孤僻、抑郁、怯懦、神经质、偏执性、攻击性等不良性格倾向。一些职校生可以毫不犹豫或毫不内疚地说谎、欺骗、敲诈或偷盗，“边缘性人格”“双重人格”“物化人格”等在一些职校生的言行举止中也有明显表现。

4. 自我意识问题

自我意识是主体对自己的心理、身体、行为及自己与别人、自己与社会关系的意识。不难发现，一些职校生缺乏合理的自我意识，自我评价不当，理想自我与现实自我、主观自我与客观自我之间的矛盾比较突出。

（1）自卑自贱心理。自卑自贱心理是个体在外界的消极暗示下，由于现实自我与理想自我之间产生强烈的反差而引起的自我贬低、自我否定的一种消极的心理状态。它的外在表现就是看轻自己，对个人的能力与品质做出不符合实际的偏低评价，认为自己什么都不行，即使对那些稍加努力就可以完成的任务，也往往自叹无能而轻易放弃。一些职校生由于长期处在被别人瞧不起的地位，常常听到的是指责和批评，常常看到的是歧视的眼光，总觉得自己“低人一等”“矮人三分”，这些学生很容易出现自暴自弃、破罐子破摔等消极表现。

（2）自我中心意识。由于在家庭生活中长期以自我为中心，一些职校生习惯于随意支配、指使别人，进入职业学校后仍然希望别人围着自己转，但现实情况正相反，于是一些职校生就会产生严重的失落感。由于缺乏合理正当的表现机会，一些职校生就试图通过逆反的或对立的角色和行为如恶作剧、故意捣乱、夸张炫耀、标新立异、逆反言行等表现来突出自我的存在，设法引起别人对自己的关注，以此获得异常的自我满足感。

（3）自私自利心理。在职业学校生活中，一些职校生过分关注自己的感受，而很少考虑甚至丝毫不考虑别人的想法和利益；希望得到别人的尊重，却很少去考虑尊重别人；希望获得别人对自己的关心，但不愿意去真诚地关心、帮助别人。一些职校生将“事不关己，高高挂起”作为自己的人生信条，时时处处事事只关心自己的利益得失，却很少自觉地关心他人和集体。

5. 人际心理问题

职校生的人际交往主要是与朋友、同学、老师及父母的交往，而职校生的人际心理问题，也主要表现在这些方面。

（1）社会性交往萎缩。在初中阶段，有些学生由于学习成绩不理想，他们的座位可能会被安排在教室的后排，上课被提问的机会也比较少，一些家长甚至不允许自己的孩子与他们来往。进入职业学校后，一些职校生对正常的社会交往仍然心存疑虑，总是怕这怕那，尤其是担心别人会瞧不起自己，因而不愿意与过去熟悉的人打交道，不愿意暴露自己职校生的身份，有意回避正常的社会性交往，甚至希望自己与世隔绝。

（2）异性交往上的行为偏差。随着性意识的觉醒，职校生已经逐步度过了异性疏远期，而走进了异性接近期。他们渴望与异性多接触和交往，和异性谈话交流会觉得十分高兴，和异性在一起活动感到特别兴奋、愉快。他们渴望有能够亲近的异性朋友，希望建立良好的异性交往关系。由于情感的冲动性，一些职校生分不清友谊和爱情的界限，不能理智对待自己朦胧的情愫，过早地追求所谓的爱情，因而容易引发失德失范和性行为过错等问题。

（3）师生间交往缺乏信任感。一些职校生对老师会产生疏离感，担心老师会向家长告状，怀疑老师会与自己有意过不去，想与老师亲近但又怕受到冷落。一旦老师在处理与自己相关的事情不够恰当时，便会产生强烈的不满或偏见，形成对立情绪，出现逆反行为，不配合、不支持老师的工作。

（4）代际交往隔阂明显。代际冲突是一种常见现象，在现代社会转型期，所谓的“代沟”“代差”问题更为明显和突出。一些职校生与父母之间的沟通交流比较困难，经常埋怨父母不理解、不尊重自己，轻视父母的存在和价值，与父母的矛盾冲突不断，甚至可能产生严重的肢体冲突。

（5）网络交往失度失范。一些职校生在现实交往中难以获得需要的满足，便试图在网络世界中得到补偿。例如，一些职校生偏好“人机”对话式的网上人际交往，热衷于网络交友，迷恋上网寻找所谓的友谊，甚至为此荒废了学业。在网络世界里，一些职校生有一种“特别自由”的感觉和“为所欲为”的冲动，自我约束力不足和道德自律意识不强，违背网络交往道德规范，做一些平时不可能做也明显不道德的行为，如粗言恶语、人身攻击、网恋或多角恋等。沉溺网络交往容易忽视真实可信的人际关系，使得人际关系变得冷漠，造成人际情感逐渐萎缩，产生严重的人际交往心理障碍。

6. 性心理问题

伴随着男女两性身体成长的变化和第二性征的迅速发育，处于青春期的职校生性意识和性情感已经开始萌发，希望多了解性知识，但又怕别人发现或讥笑。性生理上的剧烈变化，会给职校生带来“青春期躁动”和强烈的“性困扰”，产生不少性心理问题。

（1）性征体现的烦恼。第二性征的出现，有人形象地称之为青少年的“第二次诞生”。一些职校生常为自己性征体现的不如意而烦恼，担心自己的形象不佳。不少男生常问自己：我的长相怎样，是不是具有成熟男子汉的气概？而女生常问自己：我的外貌如何，有没有青春女性的气质？一旦得到别人的肯定和认可，就会兴高采烈、兴奋无比；一旦获得别人的否定性评价，就可能伤心、烦恼不已，甚至茶饭不思。

（2）性心理反应过敏。有些职校生被性欲望所困，对自慰等行为常常自责不已，并有着强烈的罪恶感，生怕别人知晓自己的隐私或秘密。对于遗精、月经等一些正常的性生理现象，一些职校生由于缺乏科学的认识，很容易产生惊恐、疑惑、羞涩、精神恍惚、焦虑不安等心理反应。

（3）一些职校生出现的不良品德或行为问题，在一定程度上与自身性生理、性心理或性道德方面存在的问题有关。这也说明进行适时、适度、适量、适当的青春期教育是学校素质教育的当务之急。

7. 择业心理问题

择业是当前职业院校学生非常关心的热门话题。因为择业是职校生人生道路上的一项重要抉择，伴随着这种抉择而来的往往是兴奋、紧张、忧虑等混杂于一体的矛盾心态。

（1）择业依赖退缩心理。虽然现在实行的是“双向选择，自主择业”的就业制度，但一些职校生还是寄希望于学校或家长帮助自己解决就业问题。对于职业学校承诺保证毕业推荐就业的那些专业，职校生往往是十分喜爱、情有独钟。这也说明一些职校生在内心深处惧怕或不愿意自主择业，缺乏创业精神和能力。

（2）择业紧张焦虑心理。能不能顺利就业，成为一些职校生的一大“心病”。一些职校生担心自己的学历低、专业技能水平低，害怕“毕业就是下岗”，有的职校生甚至为此寝食不安。还有的职校生对所学专业不满意、没兴趣，自己又没有办法改变现实，整天心绪不宁、唉声叹气、愁眉苦脸。

(3) 择业思维定式心理。一些职校生为所学的热门专业所困，希望找到有社会地位的、体面轻松的、收入高待遇好的理想就业岗位。一旦实际就业岗位与所学专业不符，一些职校生就会显得无所适从，产生矛盾心理。

职校生是一个不容忽视的社会群体，应该是富有活力、充满朝气的青年群体，也必定是未来社会发展进步和城乡建设的生力军。现在最为关键、最为迫切的是，职业学校要高度重视心理教育，科学实施，积极探索，整体推进，狠抓落实，提升水平，创建特色，努力开拓心理教育的新境界，把职业学校素质教育真正落到实处。

二、职业院校学生预防心理问题的措施

职业院校学生预防心理问题可以从以下几方面着手：

1. 增强自我认知

深入了解自己的性格特点、兴趣爱好、优势与不足，建立合理的自我期望。学会接受并欣赏自己，培养自尊和自信。

2. 学习压力管理

制订合理的学习计划，分配好学习与休息时间，避免过度劳累。学习放松技巧，如深呼吸、冥想等，以缓解学习压力。

3. 培养积极心态

乐观面对生活中的挑战和困难，相信自己有能力克服。关注生活中的积极因素，提升幸福感。

4. 建立良好人际关系

学会倾听和表达，与同学、老师和家人保持沟通。积极参与集体活动，拓展社交圈，增强归属感。

5. 保持健康的生活方式

均衡饮食，保证充足的营养摄入。规律作息，确保充足的睡眠时间。适度运动，释放身体压力。

6. 培养兴趣爱好

投入时间和精力在自己热爱的事情上，如音乐、绘画、阅读等。兴趣爱好能够带来成就感和满足感，有助于提升整体心理健康水平。

通过以上措施，可以有效提升职业院校学生的心理健康水平，为他们的学习和生活打下坚实的基础。

知识考核

选择题

1. 以下选项中的（ ）不是职业院校学生在学习方面的心理问题。
A. 学习目标不明确，学习态度不够认真
B. 学习动机层次高，对文化基础课和思想品德课有浓厚兴趣
C. 学习方法不当，缺乏良好的学习习惯
D. 学习焦虑，对考试存在恐惧心理
2. 关于职业院校学生的情感心理问题，以下描述不准确的是（ ）。
A. 情绪不稳定，自控能力较弱，容易出现偏激情绪和极端行为
B. 社会性情感表现冷漠，对集体活动缺乏热情和参与感
C. 感情容易遭受挫折，但对挫折的容忍力强，能迅速调整心态
D. 情感受到严重压抑，常常体验到消极情绪，如抑郁和悲观
3. 职业院校学生的个性心理问题中，不是其常见表现的有（ ）。
A. 缺乏积极理想和追求，精神萎靡不振
B. 社会适应能力强，能迅速适应集体生活和社会环境
C. 人格尊严受到损害，常被视为“不上进”的人或“多余人”
D. 存在不良性格特征，如狭隘、暴躁、依赖等
4. 以下选项中的（ ）不是职业院校学生常见的自我意识问题。
A. 自卑自贱心理，自我贬低
B. 自我中心意识，喜欢支配他人
C. 自信心高涨，自我认知准确
D. 自私自利心理，只关心个人利益
5. 关于职业院校学生的人际心理问题，下列选项中描述不准确的是（ ）。
A. 社会性交往萎缩，担心被他人瞧不起
B. 异性交往上存在行为偏差
C. 师生间交往和谐融洽，充满信任
D. 代际交往隔阂明显，与父母沟通困难
6. 职业院校学生为了预防心理问题，以下措施中不推荐的是（ ）。
A. 深入了解自己的性格特点，建立合理的自我期望
B. 长时间熬夜学习，以应对繁重的学业压力
C. 积极参与集体活动，拓展社交圈
D. 培养兴趣爱好，如音乐、绘画等

第二节 学习压力与情绪管理技巧

案例分享

16岁的小磊是某职业院校的学生，他学习成绩优异。但最近一个月，小磊感到学习压力非常大，经常失眠，白天上课时难以集中注意力，学习效率低下。他害怕考试失利，担心自己的前途，变得焦虑、易怒。

辅导老师知道后，主动倾听了小磊的感受和想法，表达对他的理解和共情。辅导老师帮助小磊认识到他对考试和就业前景的担忧存在非理性认识，如“拿不到好成绩就没出路”等。同时，辅导老师建议小磊保持积极乐观的心态，学会放松身心，如通过体育活动、听音乐、写日记等方式来缓解压力。辅导老师鼓励小磊做好时间管理，合理规划学习和休息时间，避免过度劳累。经过辅导老师的指导，小磊感到心里轻松多了，并承诺会努力调整自己，用积极的心态去面对学习和生活。

一、缓解压力的方法

1. 运动锻炼缓解压力

学习时间即便很紧张，每天也要坚持锻炼，比如早上跑步到教室，饭后和同学一起散步，这些都有助于提高自信心和减轻学习压力。或者找自己的老师或朋友倾诉，把自己的学习压力和一些困惑说给他人听，既能排忧解难，又能增进与老师和朋友之间的感情。相反，封闭自己只会适得其反，让自己压力更大，苦不堪言。

2. 懂得劳逸结合放松大脑

不少学生将所有时间都放在学习上，却忽视了一张一弛才是学习之道，劳逸结合才能学得更好。一直使大脑处于紧绷状态时，身心十分疲劳，不仅学习效率低，而且对身体也不好！假期中要充分放松、休息，去释放压力，而不是抓紧时间学习，增加不必要的压力。

3. 听音乐来缓解压力

听音乐要有所选择，比较内向的学生可以试着听听激烈的重金属音乐，可以让压力有一定的缓解；外向的学生则可以选择轻音乐来舒解焦虑感。

4. 保持充足的睡眠

保持充足的睡眠对缓解心理压力同样重要，如果经常熬夜，不但身体会累垮，也很难保持良好的精神状态。尽量做到早睡早起，有重要的学习任务，要安排在“早起”后去努力完成。

二、情绪管理的方法

作为正在成长中的职业院校学生，掌握一定的情绪管理方法，对提升自我修养是非常必要的。

1. 心理暗示法

即个人通过语言、形象、想象等方式，对自身施加影响的心理过程。心理暗示分为积极自我暗示与消极自我暗示。积极自我暗示会在不知不觉之中对自己的意志、心理以至生理状态产生积极影响，令人保持好的心情、乐观的情绪、自信心，从而调动人的内在因素，发挥主观能动性。而消极的自我暗示则会强化我们个性中的弱点，唤醒潜藏在我们心灵深处的自卑、怯懦、嫉妒等，从而影响情绪。

由此可见，言语活动既能唤起人们愉快的体验，也能唤起不愉快的体验；既能引起某种情绪反应，也能抑制某种情绪反应。因此，当我们在生活中遇到情绪问题时，应当充分利用语言的作用：用内心语言或书面语言对自身进行暗示，缓解不良情绪，保持心理平衡。

2. 注意力转移法

即把注意力从引起不良情绪反应的刺激情境中转移到其他事物上或从事其他活动的自我调节方法。当我们出现情绪不佳的情况时，要把注意力转移到使自己感兴趣的事上，如外出散步、看电影、看电视、读书、打球、下棋、找朋友聊天等。环境的改变会让不良情绪平复下来，并让我们在新的环境和活动中寻找到新的快乐。这种方法，一方面中止了不良刺激源的作用，防止不良情绪泛化、蔓延；另一方面通过参与新的活动特别是自己感兴趣的活动而达到了增进积极情绪体验的目的。

消极的人所有的关注点都集中在他不想要的结果上，结果他收获了失意与越发消极的情绪；积极的人把所有的注意力都专注在他想要的事物上，结果收获了快乐。所以我们每个想在事业上有所建树的人，一定要善于用注意力掌控自己的情绪，让自己大多数时间都保持情绪稳定，以饱满的精神状态投入工作和学习，去追求更加美好的明天。

3. 适度宣泄法

即通过适当的方式和途径释放心中的不良情绪以达到心理平衡的方法。我们常讲“宠辱不惊”“喜怒勿形于色”等都是极高的情绪控制状态，需要有许多的人生经历和磨炼才能获得。多数人如果过分压抑自己的情绪，只会使困扰加重，而适度宣泄则可以把不良情绪释放出来。

基本的宣泄方法有四种：一是喊叫法，即通过大声地叫，喊出那些令人生气或倍感委屈的事，通过宣泄释放负面情绪。二是哭诉法，即通过流泪和诉说，将自己内心受到的委屈释放出来。三是书写法，也就是在情绪十分不好的情况下拿出一支笔来，把你生气、委屈的原因全部写出来，在你不断书写的过程中，会发现自己的负面情绪慢慢消散了。四是运动法，即通过体育运动或体力劳动等方式来尽情宣泄郁积在胸的不良情绪。

需要注意的是，在采取宣泄法来调节自己的不良情绪时，应以不影响他人、不危害公共秩序为原则。

4. 自我安慰法

即通过正面的主观思考，找出一种合乎内心需要的理由来说明或辩解，并相信它能引起相应的生理、心理变化来进行自我刺激的心理疗法。这种方法对于帮助人们在重大挫折面前接受现实、保护自己、避免精神崩溃是很有益处的。

当人们遇到情绪问题时，经常用“胜败乃兵家常事”“塞翁失马，焉知非福”“坏事变好事”等来进行自我安慰，可以摆脱烦恼、缓解矛盾冲突，消除焦虑、抑郁和失望，达到自我激励、总结经验、吸取教训的目的，且有助于保持情绪的安宁和稳定。

5. 交往调节法

即通过与亲友主动进行思想沟通、情感交流、谈心谈话等方式来化解消极情绪的方法。人们的不良情绪往往是由人际关系矛盾和人际交往障碍引起的。因此，当我们遇到不顺心、不如意的事，有了烦恼和情绪困扰的时候，可以主动找亲朋好友交流、谈心，尽量避免一个人独处胡思乱想，而后又自怨自艾，影响正常的学习和生活。

使用交往调节法需要注意的是，必须适度，不能一味地把负面情绪像倒垃圾一样不停地倾诉给对方，否则久而久之，你就会成为别人的负担或别人眼中的“祥林嫂”。

6. 情绪升华法

即通过改变不为社会所接受的动机和欲望，使之上升为符合社会规范和时代要求，变消极情绪为积极情绪的心理引导方法。情绪升华法是对消极情绪的一种高水平的宣泄，是可以将消极情感引导到对人、对己、对社会都有利的方向上的很有效且实用的方法。

情绪升华法包括：迎难而上挑战法、正面思考解释法、个体形象改变法、暂时环境改变法、思维方式改变法和双方换位思考法等，学生可根据自己的个体情况和事件进行选择。

7. 改变认知法

即通过改变个体对事物的认知而进行情绪调节的方法。在情绪产生过程中，最不容忽视的就是我们对于事件的评价。我们可以通过改变对情绪事件的理解，重新定位情绪事件对个人的意义，从而改变我们的情绪。

美国著名心理学家艾里斯提出：情绪不是由某一诱发性事件本身所引起的，而是由经历了这一事件的个体对这一事件的解释和评价所引起的。这一理论又被称作 ABC 理论。A 是指诱发性事件；B 是指个体在遇到诱发事件之后产生的信念，即他对这一事件的看法、解释和评价；C 是指在特定情况下，个体的情绪及行为的结果。

通常，人们认为人的情绪及行为反应是由诱发性事件 A 直接引起的，即 A 引起。艾里斯的 ABC 理论指出，诱发性事件 A 只是引起情绪及行为反应的间接原因；而 B，即人们对诱发性事件所持的看法、解释才是引起人的情绪及行为反应更直接的起因。如果你的看法是正确的，那也许这个 A 就不会引起有问题的 C，如果我们对这个 A 看法上有偏见，认知上有误差，那就很可能由这一个事件直接导致负性情绪的产生。因此，职业院校学生应学会改变自我认知，抛开不合理的信念，如“糟糕至极”“绝对化”“以偏概全”等，换个积极的角度看待事物，就能让自己远离坏情绪。

8. 综合调节法

即综合多种情绪调节方法，通过身心互动来快速调整情绪的方法。可以经常练习一些积极的动作，如微笑着给自己加油等，这会让你的情绪在瞬间被改变。因为肢体动作会带动情绪，而情绪反过来又会带动肢体动作。还可以进行一些放松训练，如通过呼吸放松、肌肉放松、冥想放松等方法让肌体从紧张状态松弛下来，从而达到心理上的松弛，让情绪保持平衡与稳定。

9. 专家咨询法

即通过专业的心理咨询来解决情绪困扰的方法。如果上述方法都不见效也不要灰心，在有条件的情况下，可以主动去找专业心理医生进行咨询、倾诉，在专业心理医生的指导和帮助下来克服消极情绪的困扰。

三、职业院校学生出现心理问题时应如何解决

1. 认识并接受自己的心理问题

正视问题：首先，要认识到自己可能存在的心理问题，并勇于面对，而不是逃避或否认。

寻求理解：了解心理问题的常见表现、成因及影响，这有助于更好地理解和处理自己的问题。

2. 积极寻求帮助

校内资源：利用学校提供的心理咨询服务，与心理老师进行交流和咨询，获取专业的指导和支持。

外部资源：如果校内资源无法满足需求，可以寻求专业心理咨询机构或医院的帮助。

3. 自我调整与应对

（1）情绪管理。

深呼吸与放松训练：通过深呼吸、冥想等放松训练来缓解紧张、焦虑等负面情绪。

情绪宣泄：采用适当的方式宣泄情绪，如写日记、绘画、唱歌等，避免负面情绪积压。

（2）认知调整。

积极面对：培养积极、乐观的思维方式，关注问题的积极面，避免过度消极和悲观。

合理归因：对问题进行合理归因，避免将责任全部归咎于自己或他人。

（3）行为调整。

规律作息：保持规律的作息时间，保证充足的睡眠。

健康饮食：保持健康的饮食习惯，避免暴饮暴食或过度节食。

适度运动：通过运动来释放压力、缓解焦虑，同时增强体质和免疫力。

（4）社交支持。

加强沟通：与家人、朋友、老师等保持良好的沟通，分享自己的感受和困惑，寻求他们的理解和支持。

参与集体活动：积极参加学校或社区组织的集体活动，扩大社交圈，增强归属感和自我价值感。

4. 制订并实施应对计划

明确目标：根据自己的实际情况，制订切实可行的应对计划，明确自己的目标和方向。

逐步实施：按照计划逐步实施，遇到困难时及时调整策略和方法，保持耐心和毅力。

5. 保持积极心态

树立信心：相信自己有能力克服心理问题，保持积极、乐观的心态。

持续学习：不断学习心理健康知识，提高自己的心理素质和应对能力。

知识考核

选择题

1. 以下选项中的（　　）不属于学生缓解学习压力的有效方式。

A. 每天坚持运动锻炼

B. 封闭自己，避免与他人交流

C. 劳逸结合，合理安排学习与休息时间

D. 听轻音乐或重金属音乐来缓解压力

2. 以下情绪管理方法中的（　　）强调通过积极或消极的自我暗示来影响心理状态。

A. 注意力转移法　　B. 心理暗示法

C. 自我安慰法　　D. 情绪升华法

3. 当学生情绪不佳时，下列选项中的（　　）不是推荐的注意力转移方式。

A. 外出散步　　B. 观看电影或电视

C. 反复思考困扰你的问题　　D. 与朋友聊天

4. 下列情绪管理方法中的（　　）强调通过改变对事物的认知来调节情绪。

A. 改变认知法　　B. 适度宣泄法

C. 交往调节法　　D. 专家咨询法

5. 在使用适度宣泄法来调节情绪时，应注意（　　）。

A. 尽可能大声喊叫以释放情绪

B. 随时随地宣泄，不考虑场合

C. 不影响他人，不危害公共秩序

D. 只采用书写法来宣泄情绪

6. 当职业院校学生出现心理问题时，以下自救方法中错误的是（　　）。

A. 认识到自己可能存在的心理问题，并勇于面对

B. 忽视心理问题的存在，认为其会自行消失

C. 寻求学校心理老师的专业指导和支持

D. 通过深呼吸、冥想等放松训练来缓解负面情绪

第八章 交通与出行安全

学习目标

1. 了解什么是交通安全，以及交通安全的重要性。

2. 掌握预防交通事故的相关知识，了解发生交通事故时的逃生方法和处理流程。

3. 了解非机动车通行规定、行人和乘车人通行规定，了解交通事故处理的法律法规内容和法律责任。

4. 提高交通安全意识，提高交通法律法规常识。

第一节 交通安全常识

案例分享

20××年3月18日17时34分许，某市龙城街道龙平西路由西往东方向××路口，发生一起小型轿车与无号牌二轮电动车（驾驶人陈某为学生，搭载另一名学生王某，均未佩戴头盔）碰撞的道路交通事故，事故造成二轮电动车方陈某和王某受伤。

经初步调查，电动车驾驶员陈某未满16周岁，驾驶电动车违反规定载人上路行驶，且不按信号灯指示通行，是造成事故的一方面原因；而小型轿车驾驶员在途经人行横道时未减速慢行，是造成事故的另一方面原因。

一、什么是交通安全

交通安全是指行人、车辆驾驶员、乘客等在参与交通活动的过程中，按照交通法规的规定，预防事故，避免发生人身伤亡或财物损失，保障道路畅通、有序、高效。

文明交通不仅关系自己的生命和安全，也是尊重他人生命的体现，是构筑和谐社会的重要因素。

学生发生交通安全事故的主要原因包括思想麻痹、安全意识淡薄，自我保护意识差，存在较大的盲目性；好奇心强，易于产生冲动和冒险行为；便利心理、投机心理、从众心理、侥幸心理作祟等。

二、交通安全小常识

人们应该在日常生活中养成良好的交通行为习惯，遵守交通规则，保障自身和他人的安全。

1. 行人安全知识

（1）行人应该在人行道上或靠路边行走。

（2）过马路时应该走人行横道或者斑马线，注意左右看，不要闯红灯。

（3）不得跨越、倚坐道路隔离设施，不得扒车、强行拦车或者实施妨碍道路交通安全的其他行为。

2. 骑自行车和电动自行车安全知识

（1）骑行前要先检查车况，如车闸、车铃是否灵敏、正常，确保车况完好。

（2）骑电动自行车时应该戴好头盔，遵守交通规则，不在机动车道骑行，不闯红灯。

（3）骑车时不攀扶机动车辆，不载过重的物品，不带人，不戴耳机听音乐、看手机视频、打游戏、发消息等。

（4）骑行时不要双手离把，不多人并骑，不互相攀扶，不相互追逐打闹。

3. 乘坐公共交通工具与小轿车的安全知识

（1）乘坐公共交通工具时应该有序排队，上下车时要注意安全，不在车内乱跑、吵闹。

（2）乘车过程中，不把身体的任何部分伸出车外，不向车外抛洒物品。

（3）在机动车道上，不要从机动车左侧上下车。

（4）乘坐小轿车时，下车开门时注意观察后视镜，检查后方是否有行人、骑行人或其他车辆接近。确认安全后，缓慢打开车门。不要突然猛推车门，以防有人或车辆快速接近。

4. 行人及非机动车容易忽略的交通常识

（1）汽车的“内轮差”。

大多数汽车是依靠前轮来转向的。随着前轮的转动，汽车车身逐渐改变方向。但前后各组轮子不是走在同一条弧线上，而是有一定的距离差，这个差距称为“内轮差”。

我们碰到要转弯的汽车，不能靠得太近，不要以为汽车的前轮过去就没事了。因为有“内轮差”，如果离转弯的汽车太近，很可能会被后轮撞倒压伤。

因此，我们在通过马路时，除了要注意来往直行的车辆外，还要注意避让转弯行驶的车辆。特别是要远离一些正在转弯的大卡车、货车等大型车辆。人与车身靠得太近，容易被车尾撞倒，发生伤亡事故。

（2）汽车的盲区。

驾驶员在开车时，视线会被车体遮挡，导致车的四周有很多地方驾驶员看不见。大型的汽车盲区更大。所以当你看到有汽车靠近时，不要认为你看到了对方，对方也同样看到了你。这种误判导致了很多有人员伤亡的交通事故。

（3）汽车的灯光。

由于缺乏对交通规则的理解，很多驾驶员在夜间会车时使用远光灯。远光灯可使对向驾驶人发生瞬间致盲，在近两秒的时间里，对向驾驶员如同在闭眼开车。

在夜间过马路时要小心，不要认为你被汽车的灯光照射得很亮，驾驶员就会看到你，特别是在两车交会而你却在马路中间时，此刻你的生命安全岌岌可危。

5. 熟悉常用的交通安全标识和标牌

禁止行人通行

禁止非机动车通行

禁止机动车通行

禁止鸣喇叭

禁止停放

注意儿童

注意信号灯

注意安全

非机动车道

步行

单向行驶（向右）

人行横道

直行

向左转弯

向右转弯

直行和向左转弯

直行和向右转弯

知识考核

选择题

1. 交通安全主要指的是（　　）。

A. 人们在参与交通活动的过程中，遵守交通法规，避免发生人身伤亡或财物损失

B. 人们在网络上交流时，保护个人隐私和信息安全

C. 人们在公共场所保持安静，不干扰他人

D. 人们在工作中遵守公司规章制度

2. 下列选项中的（　　）不属于行人安全知识。

A. 在人行道上行走

B. 过马路时走人行横道或斑马线

C. 随意穿越马路，不看红绿灯

D. 行走时注意左右看，不闯红灯

3. 下列选项中，关于骑车的正确做法是（　　）。

A. 骑车速度越快越安全

B. 可以在晚上没有路灯的情况下快速骑行

C. 骑车时超载，多载一个同学

D. 骑车时佩戴好安全头盔，避免晚上骑车

4. 当学生在乘坐公共交通工具时，以下行为中不安全的是（　　）。

A. 排队有序上下车

B. 乘车过程中不将身体部位伸向车外

C. 在车辆未停稳前向车门方向涌动

D. 不携带易燃、易爆物品乘车

第二节 交通事故的预防和处置

案例分享

2021 年 10 月 24 日 18 时许，××县某中专 16 岁学生小李（化名）驾驶共享二轮电动车载人在卢氏县城区地段行驶时，将行人于某某撞倒致伤。于某某被送至医院治疗，经诊断为左足 2/3/4 跖骨远端骨折。经××县公安交通警察大队认定，小李承担该起事故的全部责任。小李父母为于某某垫付了 5 000 元医疗费后，双方因赔偿问题协商无果，于某某将小李告上法庭，要求赔偿各项经济损失共计 50 000 余元。因小李是未成年人，其父母作为监护人被列为共同被告。

一、交通事故的预防

1. 行人预防交通事故的方法

（1）行人应当在人行道内行走，没有人行道的靠路边行走。牵扶小孩、老人行走时，

让他们靠里边走较安全。不要在走路时听音乐、玩手机。

（2）有公路天桥、地下通道的，最好选择公路天桥、专用地下通道过马路。在有交通信号灯（红绿灯）或人行横道的地方过马路，应按照交通信号灯的指示通行。绿灯闪烁时，已进入人行道的行人要尽快通行，未进入人行道的行人不准通行，还要特别注意是否有转弯的车辆。

（3）现在许多大城市在车流量和人流量多的地方设置了自助红绿灯，其基本流程一般是：过马路时按黄色按钮；约 5 秒后红灯变绿灯，行人可过马路；30 秒后，变为红灯，车辆通行；45 秒后，行人再按动按钮才有效。

（4）通过没有交通信号灯、人行横道的路口，或者在没有过街设施的路段横过道路时，要特别注意避让来往的车辆。避让车辆最简单的方法是：先看左边是否有来车，再看右边是否有来车，确认没有来车才能走入车行道。

（5）通过铁路道口时，应当遵守铁路道口信号，服从管理人员的管理。没有铁路道口信号和管理人员的，应当在确认无火车驶近后，迅速通过。

2. 乘坐公共交通工具时预防交通事故的方法

（1）严禁携带危险品上车。

（2）候车时要站在道路边或站台上等候，不要拥挤在车行道上，更不准站在路中间。

（3）等汽车靠站停稳后再按次序上车，不能争先恐后。

（4）乘车时应系好安全带。

（5）乘车时不要与司机攀谈、不要大声喧哗，以免司机分心。

（6）车辆行驶时，头、手等不能伸出车窗外，以免被来往车辆碰擦。

（7）下车时，观察后面，没有其他车辆从下车口通行时，才可下车。要依次而行，不要硬推硬挤。

（8）下车后，应立即走上人行道。横过马路，应从人行横道（斑马线）内通过；千万不能在车前、车尾急穿马路，这样很不安全。

3. 驾驶电动车预防交通事故的方法

根据国家相关规定，电动车最高设计时速不得超过 20 千米/小时，整车质量不得超过40千克，电瓶电压不得超过48伏特。但很多电动车拥有者往往会私自拆卸限速装置或到路边店改装，车速可以达到40千米/小时或更高。电动车骑行人在非机动车道上行驶有速度优势，一不注意就很容易与自行车、行人发生碰撞。在一些限制摩托车上路的城市，非机动车肇事以电动车为主。

(1) 在骑行电动车前，先检查刹车是否完好，最好再预估下刹车的距离，做到心中有数。

(2) 建议采用摩托车握把姿势：右手一般采用拇指和食指握把，剩余三指握刹车手柄，既有利于速度的控制，又有利于刹车。

(3) 在通过路口时，要降低车速。注意十字路口、交叉路口、T字路口、小巷路口等，95%的电动车事故发生在此类危险区域。

(4) 不要在机动车道行驶，行车速度不要太快，不要闯红灯、逆行、任意转向。

(5) 骑行携带物品要遵守非机动车的规定：高度从地面起不得超过1.5米；宽度左右各不得超出车把0.15米；长度前端不得超出车轮，后端不得超出车身0.3米。

4. 骑自行车预防交通事故的方法

(1) 要经常检修自行车，如车闸、车铃是否灵敏、正常，保持车况完好。

(2) 行驶中要合理运用刹车，制动效果比较好的操作是：在使用前刹时稍微控制后刹。

(3) 骑自行车要在非机动车道上靠右边行驶，不逆行；转弯时不强行猛拐，要提前减速，看清四周情况，并注意同样在非机动车道行驶，但速度比你快得多的电动车。

(4) 经过交叉路口时，要减速慢行，注意来往的行人、车辆，不闯红灯。向左转要转大弯，向右转要转小弯。通过斑马线时要下车推行。

(5) 雨雪天骑车，应穿雨衣、雨披，不要一手持伞，一手扶把骑行；也不要为了免遭雨淋而埋头猛骑。注意观察四周的情况，与前面的车辆、行人保持较大的距离，放慢速度且不要猛捏车闸，不急拐弯。

5. 校园及人员密集场所的交通安全

(1) 骑自行车或电动车进出校门时要下车推行。

(2) 自行车或电动车要停放在车棚内规定的地方，或停放在学校分配的规定位置，不随意乱停放。

(3) 虽然学校会力求“人车分流”，但见到校园内出现的各种车辆还是要提前避让，防止那些认为“校内可以不讲交通规则”的人意外肇事。

(4) 在出操、集合、上下楼梯、紧急疏散过程中，切记要听从指挥，不慌乱、不推搡、不拥堵，力求整齐、匀速、有序、较快地通过通道至安全地点集合。

(5) 尽量避免进入拥挤的人群，参加公众活动时，进入场地前最好先了解一下安全出口的位置。

6. 预防拥挤踩踏事故

如果发生拥挤情况需要冷静并做到：

(1) 发现拥挤的人群向自己的方向移来时，应立即避到一旁，不要慌乱，不要奔跑，避免摔倒。

（2）假如陷入拥挤的人流中，一定要站稳，身体不要倾斜失去重心，即使鞋子被踩掉，也不要弯腰捡鞋。

（3）顺着人流走，切不可逆着人流前行；否则，很容易被人流推倒。

（4）若自己不幸被人群推倒后，要设法靠近墙角，身体蜷成球状，双手在颈后紧扣以保护身体最脆弱的部位。

（5）在人群中走动，遇到台阶或楼梯时，尽量抓住扶手，防止摔倒。

（6）当发现自己前面有人突然摔倒了，要马上停下脚步，同时大声呼救并告知后面的人不要向前靠近。

二、交通事故的应急处置

1. 乘车时发生紧急情况怎么办

（1）车门逃生。在车门上方位置一般配有一个车门开启安全阀，只要将此安全阀旋转（旋转后车辆会释放气压），然后手动将车门打开下车即可。

（2）车窗逃生。如果是封闭车窗，由于车窗都是由钢化玻璃制成的，钢化玻璃的脆弱部分是在它的边和角上，我们可以用安全锤敲击这些位置，也可以使用一些尖状硬物，如钥匙、高跟鞋等，以达到破窗的目的。

（3）天窗逃生。公交车、大巴车的天窗是具有安全出口功能的。旋转其上的红色扳手，可以将天窗打开。在危急关头，天窗可为乘客多提供一种逃生方法。

2. 遇到有人员受伤的交通事故怎么办

（1）交通事故中有人受伤时的现场处理流程。

①拨打交通事故报警电话 122 或拨打急救中心电话 120。

②在交通警察赶来之前，要保护好现场，不要移动现场物品。

③迅速抢救伤者，记好伤者的位置。

④在交通警察未赶到之前，双方不要“私了”，以免事后伤情恶化，后患无穷。

⑤发生交通事故后，司机驾车逃逸的，要记下肇事逃逸车辆车牌号码、车身颜色、车辆特征及逃逸方向等。在条件允许的情况下记得越全越好，如肇事者的性别、身材、相貌特点、口音、衣着等。

（2）交通事故中的自救方法。

①遇到有人身伤害的交通事故时，在无人救助的情况下，要尽可能移至安全地带，以免再次受伤。

②保持镇静，针对伤势采取止血、包扎、固定等自救措施。

③对暴露的伤口要尽可能先用干净布覆盖，再进行包扎，以保护好伤口。

④不要盲目取出伤口异物，不要随便清理伤口，避免损伤神经、血管。伤口禁止用水冲洗和随意涂抹药物，避免伤口感染。

⑤利用身边现有的材料，如三角巾、手绢、布条等折成条状缠绕在伤口上方，用力勒紧，起到止血作用。

⑥如有骨折，要尽可能减少移动，或利用现有材料固定骨折部位，避免骨折断端刺伤皮肤、血管和其他部位。

⑦托扶受伤部位，可以减轻痛苦。

⑧利用现有衣物设置明显标志。如果是夜晚，应根据情况，尽可能转移到有照明或易被发现的位置，以便引起过往行人、司机注意，及时获救脱险。

知识考核

选择题

1. 在没有交通信号灯的人行横道上过马路时，行人应当（　　）。

A. 直接快速跑过马路

B. 无须观察，直接穿过

C. 先看左边是否有来车，再看右边是否有来车，确认无车后通行

D. 随意穿越马路，不管是否有车辆

2. 骑行电动车时，以下行为中不安全的是（　　）。

A. 骑行前检查刹车是否完好

B. 在机动车道上行驶，并尽量提高速度

C. 通过路口时降低车速

D. 不闯红灯、不逆行

3. 在校园内骑自行车或电动车时，为了保障交通安全，以下做法中正确的是（　　）。

A. 骑车快速进出校门，无须下车推行

B. 随意停放自行车或电动车，不考虑其他行人和车辆的安全

C. 见到校园内车辆时，不避让，认为校内可以不讲交通规则

D. 提前避让校园内出现的各种车辆，遵守交通规则

4. 在乘坐公交车遇到紧急情况需要逃生时，以下方法中不正确的是（　　）。

A. 使用车门上方的安全阀旋转后手动开门逃生

B. 用安全锤敲击车窗的脆弱部分（如边角），破窗逃生

C. 强行推开封闭且未破损的车窗玻璃逃生

D. 旋转天窗上的红色扳手，打开天窗逃生

5. 遇到有人员受伤的交通事故，现场处理流程中不包括（　　）。

A. 立即拨打交通事故报警电话 122 或急救中心电话 120

B. 在交通警察到来前，双方自行协商解决，避免麻烦

C. 保护好现场，不要移动现场物品

D. 记下肇事逃逸车辆的车牌号码及逃逸方向

6. 在交通事故中受伤，进行自救时，以下做法中不正确的是（　　）。

A. 将暴露的伤口先用干净布覆盖，再进行包扎

B. 取出伤口中的异物，避免感染

C. 利用身边材料如三角巾、布条等进行止血包扎

D. 如有骨折，尽可能减少移动，并用现有材料固定骨折部位

第三节 交通法律法规

案例分享

20××年 5 月 10 日，14 岁的中学生小张骑电动自行车（没戴头盔）去上学，途中他一边骑车一边看手机，还闯红灯过路口，结果撞上停在斑马线旁边的一辆小汽车。事故造成两车受损，小张受伤。

《中华人民共和国道路交通安全法》（以下简称《道路交通安全法》）是我国规范道路交通秩序、保障交通安全的核心法律，自 2004 年 5 月 1 日起施行，历经三次修正。其核心内容包括车辆登记、驾驶人管理、道路通行规则及违法处罚等。

一、非机动车通行规定

《道路交通安全法》第一百一十九条对“非机动车”进行了解释：“‘非机动车’，是指以人力或者畜力驱动，上道路行驶的交通工具，以及虽有动力装置驱动但设计最高时速、空车质量、外形尺寸符合有关国家标准的残疾人机动轮椅车、电动自行车等交通

工具。”

《道路交通安全法》第五十七条规定：“驾驶非机动车在道路上行驶应当遵守有关交通安全的规定。非机动车应当在非机动车道内行驶；在没有非机动车道的道路上，应当靠车行道的右侧行驶。”

《道路交通安全法》第五十八条规定：“残疾人机动轮椅车、电动自行车在非机动车道内行驶时，最高时速不得超过十五公里。”第五十九条规定：“非机动车应当在规定地点停放。未设停放地点的，非机动车停放不得妨碍其他车辆和行人通行。”第六十条规定：“驾驭畜力车，应当使用驯服的牲畜；驾驭畜力车横过道路时，驾驭人应当下车牵引牲畜；驾驭人离开车辆时，应当拴系牲畜。”

二、行人和乘车人通行规定

《道路交通安全法》第六十一条规定：“行人应当在人行道内行走，没有人行道的靠路边行走。”

《道路交通安全法》第六十二条规定：“行人通过路口或者横过道路，应当走人行横道或者过街设施；通过有交通信号灯的人行横道，应当按照交通信号灯指示通行；通过没有交通信号灯、人行横道的路口，或者在没有过街设施的路段横过道路，应当在确认安全后通过。”

《道路交通安全法》第六十三条规定：“行人不得跨越、倚坐道路隔离设施，不得扒车、强行拦车或者实施妨碍道路交通安全的其他行为。”

《道路交通安全法》第六十四条规定：“学龄前儿童以及不能辨认或者不能控制自己行为的精神疾病患者、智力障碍者在道路上通行，应当由其监护人、监护人委托的人或者对其负有管理、保护职责的人带领。盲人在道路上通行，应当使用盲杖或者采取其他导盲手段，车辆应当避让盲人。”

《道路交通安全法》第六十五条规定：“行人通过铁路道口时，应当按照交通信号或者管理人员的指挥通行；没有交通信号和管理人员的，应当在确认无火车驶临后，迅速通过。”

《道路交通安全法》第六十六条规定：“乘车人不得携带易燃易爆等危险物品，不得向车外抛洒物品，不得有影响驾驶人安全驾驶的行为。”

《道路交通安全法》第六十七条规定：“行人、非机动车、拖拉机、轮式专用机械车、铰接式客车、全挂拖斗车以及其他设计最高时速低于七十公里的机动车，不得进入高速公路。高速公路限速标志标明的最高时速不得超过一百二十公里。”

三、交通事故处理

《道路交通安全法》第七十条规定：“在道路上发生交通事故，车辆驾驶人应当立即停车，保护现场；造成人身伤亡的，车辆驾驶人应当立即抢救受伤人员，并迅速报告执勤的交通警察或者公安机关交通管理部门。因抢救受伤人员变动现场的，应当标明位置。

乘车人、过往车辆驾驶人、过往行人应当予以协助。在道路上发生交通事故，未造成人身伤亡，当事人对事实及成因无争议的，可以即行撤离现场，恢复交通，自行协商处理损害赔偿事宜；不即行撤离现场的，应当迅速报告执勤的交通警察或者公安机关交通管理部门。在道路上发生交通事故，仅造成轻微财产损失，并且基本事实清楚的，当事人应当先撤离现场再进行协商处理。”

《道路交通安全法》第七十六条规定：“机动车发生交通事故造成人身伤亡、财产损失的，由保险公司在机动车第三者责任强制保险责任限额范围内予以赔偿；不足的部分，按照下列规定承担赔偿责任：（一）机动车之间发生交通事故的，由有过错的一方承担赔偿责任；双方都有过错的，按照各自过错的比例分担责任。（二）机动车与非机动车驾驶人、行人之间发生交通事故，非机动车驾驶人、行人没有过错的，由机动车一方承担赔偿责任；有证据证明非机动车驾驶人、行人有过错的，根据过错程度适当减轻机动车一方的赔偿责任；机动车一方没有过错的，承担不超过百分之十的赔偿责任。交通事故的损失是由非机动车驾驶人、行人故意碰撞机动车造成的，机动车一方不承担赔偿责任。”

四、法律责任

《道路交通安全法》第八十九条规定：“行人、乘车人、非机动车驾驶人违反道路交通安全法律、法规关于道路通行规定的，处警告或者五元以上五十元以下罚款；非机动车驾驶人拒绝接受罚款处罚的，可以扣留其非机动车。”

《道路交通安全法》第九十二条规定：“公路客运车辆载客超过额定乘员的，处二百元以上五百元以下罚款；超过额定乘员百分之二十或者违反规定载货的，处五百元以上二千元以下罚款。”

《道路交通安全法》第一百零八条规定：“当事人应当自收到罚款的行政处罚决定书之日起十五日内，到指定的银行缴纳罚款。对行人、乘车人和非机动车驾驶人的罚款，当事人无异议的，可以当场予以收缴罚款。罚款应当开具省、自治区、直辖市财政部门统一制发的罚款收据；不出具财政部门统一制发的罚款收据的，当事人有权拒绝缴纳罚款。”

知识考核

选择题

1. 根据《道路交通安全法》的规定，下列关于非机动车的描述中正确的是（　　）。

A. 非机动车是指所有以动力装置驱动的交通工具

B. 电动自行车在非机动车道内行驶时，最高时速不得超过二十公里

C. 残疾人机动轮椅车、电动自行车属于非机动车范畴

D. 畜力车不属于非机动车

2. 行人通过没有交通信号灯和人行横道的路口时，应当（　　）。

A. 直接快速通过，无须观察　　B. 在确认安全后通过

C. 跟随其他行人一同通过　　D. 等待有车辆通过后再行通过

3. 机动车与非机动车驾驶人、行人之间发生交通事故，且非机动车驾驶人、行人没有过错的，由（　　）承担赔偿责任。

A. 非机动车驾驶人或行人自行承担

B. 保险公司和机动车一方共同承担

C. 机动车一方承担全部赔偿责任

D. 机动车一方承担不超过百分之十的赔偿责任

4. 如果非机动车驾驶人违反了道路交通安全法律、法规关于道路通行规定，并拒绝接受罚款处罚，交通管理部门可以采取（　　）措施。

A. 扣留非机动车　　B. 扣留非机动车并吊销其驾驶资格

C. 将其带至派出所进行教育　　D. 强制其参加交通安全学习

5. 根据《道路交通安全法》的规定，行人、乘车人、非机动车驾驶人违反道路通行规定的，可能被处以的罚款范围是（　　）。

A. 五十元以上五百元以下　　B. 五十元以上二千元以下

C. 五元以上五十元以下　　D. 警告或者无须罚款

第九章 实习就业安全

学习目标

1. 理解实习安全的内涵与意义，了解职业院校学生实习期间应如何保障安全。

2. 了解什么是就业陷阱，能够识别常见的就业陷阱，能够规避就业陷阱，能够运用《中华人民共和国劳动合同法》分析就业协议中的法律风险，提升依法维权能力，强化诚信就业与契约精神。

3. 了解职业病的概念、职业病的分类，了解常见的职业病及预防知识。

4. 提高劳动防护意识，了解相关法律法规。

第一节 实习安全

案例分享

实习生霍某在操作机床时，工件卡在了模具上。按规定，霍某应该用工具将工件取出，霍某图方便徒手去取工件，结果发生误操作，两根手指被压断。工作纪律、操作规程既是保证产品质量的要求，又是操作者人身安全的保障。因此，实习生在工作中应严格遵守工作纪律，严格按照生产操作规程工作。

职业院校学生参与企业实习是一个必不可少的环节。大多数职业院校学生在实习过程中都要在企业的生产环境下，参与各种生产实习活动。实习生、学校和企事业单位如果忽视安全防范措施，就容易出现事故。

实习生、学校与企事业单位由于伤害事故引起的法律纠纷日益增多。而在实际工作中，关于实习生伤害事故的处理，从法律层面上来讲，还有许多不完善的地方。实习是必修环节，通过实习，能够让学生了解真实的生产环境与生产过程，掌握操作技能。企业的真实生产环境、生产过程比校内实习、实训场地更为复杂，不可预测性及安全隐患更多。因此，如何避免伤害事故的发生，尽量把实习伤害事故发生率降到最低，显得非常迫切与重要。

一、学校为学生把好实习安全关

1. 实习前与学生签订三方协议

职业院校学生年龄偏小，社会经验欠缺，如何保障实习过程中的安全是大多数学生最易忽视的问题。学校有义务组织学生购买相关保险，组织学生与企业、学校签订三方协议，明确各方的权利和义务。如果与企业签订的实习协议中明确规定“乙方（学校）实习人员在甲方（企业）实习期间，工伤待遇比照国家有关工伤保险条例的相关规定执行”，实习中一旦发生安全事故，学生就能够按照工伤处理，使问题得到妥善解决。如果等事故发生后再想办法，可能就会出现很多纠纷，无论是对学校、企业还是对学生，都会非常麻烦。

2. 协商薪酬及工作时间时要尊重学生的意见

通常情况下，在统筹安排学生的实习工作时，让学校感到为难的可能是报酬与工时。《中等职业学校学生实习管理办法》中规定，学生实习每日不超过八小时，不得安排学生夜间实习，这与多数制造业企业的实际工作时间存在矛盾。因此，学校应提前把相关情况告知学生，由学生自主决定是否愿意加班。在劳动薪酬方面，学校要站在学生的角度，与企业协商确定好学生的实习报酬，并提前告知学生，使学生的权益得到保障。

3. 做好实习前的安全培训工作

“安全第一，预防为主”是学校安全工作的核心理念，职业院校学生的实习安全常识培训必须得到充分重视。

教育部办公厅下发的《关于进一步加强中等职业学校学生实习风险管理工作的紧急通知》中明确强调，各地中等职业学校要安排专人负责学生实习风险管理工作，形成学生实习前有专门培训、实习中有过程管理、出险后及时赔付的全流程风险管理制度，做到学生人人参保、应保尽保。

实习中的职业院校学生多在生产一线工作，提前为学生做好实训安全常识的普及和培训，就成了学校的重要工作之一。

二、实习生的权利和义务

职业院校学生在学业生涯最后一年进行顶岗实习的制度在我国已经实施多年，但是在实践中仍存在诸多法律问题。其中最为突出的是不少学生不清楚自己在实习中的权利。面对实习过程中可能出现的安全隐患，学生应树立起维护自身权益的意识，明确自己在实习过程中所享有的权利和应尽的义务。

1. 顶岗实习学生是特殊劳动者身份

首先，职业院校学生到企业进行顶岗实习，由于其尚未完成学业且没有取得毕业证书，因此，学生的实习活动也异于《中华人民共和国劳动法》（以下简称《劳动法》）所称的“劳动”。其次，由于实习学生并没有与实习单位签订劳动合同，双方没有法律意义上的劳动关系，因此，顶岗实习学生的身份不同于企业内的普通劳动者。但由于顶岗实习学生实际上处于实习单位的管理控制之下，因此应将实习学生视为特殊劳动者，享有《劳动法》所规定的劳动者享有的相关权利，同时，实习学生也应当承担相应的义务。

2. 职业院校学生未满 16 周岁不能参与实习

我国《劳动法》规定，禁止用人单位招用未满 16 周岁的未成年人。到实习单位参加实习活动的职业院校学生需要满足《劳动法》所规定的这一年龄条件。因此，年龄未满 16 周岁的学生不能被安排到企业参与顶岗实习。

3. 要为实习生购买意外保险

为了保证学生在实习期间发生安全事故后有保障，学校或实习单位要为学生购买意外伤害保险。《中等职业学校学生实习管理办法》规定，职业学校和实习单位应当根据法律、行政法规，为实习学生投保实习责任保险。责任保险范围应当覆盖实习活动的全过程，包括学生实习期间遭受意外事故及由于被保险人疏忽或过失导致的学生人身伤亡，被保险人依法应当承担的赔偿责任以及相关法律费用等。如果没有购买意外伤害保险，发生意外事故的学生可以依据《学生伤害事故处理办法》和《最高人民法院关于审理人身损害赔偿案件适用法律若干问题的解释》等法律法规向实习单位提出赔偿要求。

4. 学生有接受校企教育、遵规守纪的义务

在实习过程中会出现一些违纪违规的行为。对一般违纪行为，实习单位、学校或带队老师可以共同进行教育。作为学生，有义务接受校企的共同教育，在实习期间做到遵规守纪。如果多次教育无效，实习单位有权将其退回学校，学校可根据学生的违纪情况，依据事实和程序进行处理。如果学生的违纪行为已触犯国家法律，并造成严重后果，则应当交由相关部门处理。

三、实习期间应如何保障安全

为了保障自己的实习安全，职业院校学生应当自觉做到以下几点。

1. 增强安全意识

认识到实习安全的重要性，时刻保持警惕，不忽视任何可能存在的安全隐患。

2. 遵守安全规程

严格遵守学校和实习单位的安全操作规程，不违章作业，不冒险操作。

3. 正确使用防护装备

按照规定正确穿戴个人防护装备，如安全帽、防护服、防护眼镜等，确保自己在实习过程中的安全。

4. 积极学习安全知识

主动学习安全知识，了解实习岗位的安全风险和应对措施，提高安全素养。

5. 保持沟通与交流

与实习指导老师、同事保持良好的沟通与交流，及时反映自己发现的安全问题，共

同维护实习安全。

6. 注意个人行为安全

在实习期间，注意个人行为安全，不参与危险活动，不擅自离开实习岗位。

7. 及时报告安全隐患

一旦发现安全隐患或事故苗头，立即向实习指导老师或实习单位的安全管理部门报告，以便及时处理。

8. 合理安排工作与休息

合理安排工作与休息时间，避免过度劳累，保持良好的身体状态和精神状态。

知识考核

选择题

1. 实习前，学校为保障学生实习安全，应采取的首要措施是（　　）。

A. 直接将学生安排到企业实习

B. 无须特别准备，直接开始实习

C. 组织学生购买相关保险，并签订三方协议

D. 仅提醒学生注意安全，不进行其他准备

2. 关于顶岗实习学生的工作时间，以下说法正确的是（　　）。

A. 学生实习每日工作时间必须严格控制在八小时以内，不得有任何加班

B. 顶岗实习学生的工作时间应完全由企业决定，无须考虑学生意见

C. 学校应提前告知学生实习工作时间，并尊重学生是否愿意加班的意愿

D. 顶岗实习学生因学业要求，应无条件接受企业安排的所有加班

3. 顶岗实习学生与企业之间的关系，在法律上更接近于（　　）。

A. 正式员工与企业之间的劳动关系

B. 临时工与企业之间的雇佣关系

C. 学生在校期间的教育与被教育关系

D. 特殊劳动者与企业之间的实习关系

4. 顶岗实习学生如果违反实习单位的规定，多次教育无效后，实习单位有权（　　）。

A. 直接将学生开除，无须通知学校

B. 将其退回学校，由学校进行处理

C. 自行对学生进行经济处罚

D. 无须任何行动，任由学生继续违规

第二节 就业陷阱及防范措施

案例分享

2024年6月17日，××市公安局××分局刑侦三大队接到辖区某大学毕业生宋某报案称：靳某、于某等人以解决工作为由骗了他们21万元，要求查处。经民警初步调查，靳某称其认识“内部人士”于某，可以帮忙办理某国企正式员工，但需花费人民币21万元。宋某信以为真，让其母亲通过手机转账分两次将21万元转到靳某的银行卡。后来宋某发现自己并未成为该企业正式员工，只是与该公司签订了劳务派遣合同。

据了解，犯罪嫌疑人于某等人于2021年开始，假借央企国企及党政企事业单位名义，通过自己成立的兰州风熹人力资源服务有限公司发布招聘信息，以谎称可以安排进入43家央企国企及党政事业单位成为正式职工为由设下陷阱，为受害人办理入职手续，伪造一系列招聘入职岗位需求表、实习通知书、实习合同等虚假文书及办公地点，在全省各地疯狂实施诈骗，借机向受害人索要高额安置费。

目前，大中专院校学生在就业过程中遭受不公平待遇和就业陷阱的案例常有发生。

一、就业陷阱

1. 用人单位规避劳动合同的签订

劳动合同的订立是劳动合同制度的核心，事关劳动者合法权益的保护。但用人单位以各种借口规避劳动合同签订的现象非常严重。据调查，有些用人单位不与员工签订劳动合同，其中建筑、餐饮等非技术行业的劳动合同签约率最低。而作为弱势群体的职业院校学生，更是深受其害。由于缺乏书面劳动合同，劳动者合法权益得不到有效维护。

用人单位不愿意与劳动者签订劳动合同的原因有二：一是由于缺乏对相关劳动法律法规的认识，法律意识淡薄，认为不签合同就等于没有劳动关系，以此来逃避其企业责任。二是在降低用工成本的驱动下，认为不签劳动合同就有可能逃避为职工缴纳社会保险的义务，并降低解雇职工时支付经济补偿金等成本。

《中华人民共和国劳动合同法》（以下简称《劳动合同法》）第十条规定：“建立劳动关系，应当订立书面劳动合同。已建立劳动关系，未同时订立书面劳动合同的，应当自用工之日起一个月内订立书面劳动合同。”由此可知，不及时与职工订立书面合同，是违法行为，企业要承担相应的法律责任与经济赔偿义务，反而得不偿失。同时，《劳动合同法》第七条规定：“用人单位自用工之日起即与劳动者建立劳动关系。用人单位应当建立职工名册备查。”这说明，即使没有签订劳动合同，一旦形成事实上的劳动关系，劳动者照样享有法律规定的权利。因此，用人单位规避书面劳动合同的签订，完全源于对《劳动合同法》的错误理解。

2. 用人单位滥用试用期，甚至采取试用期零工资的做法

在日益严峻的就业形势下和激烈的市场竞争中，为了能获得就业机会和工作经验，一些毕业生担心用人单位不予接纳，被迫接受试用期“零工资”的做法，而这也正中一些用人单位的下怀。试用期“零工资”即意味着用人单位可以免费使用劳动力而不付出任何成本。

然而事实却是，试用期“零工资”涉嫌违反劳动法律，对学生来说存在风险，对用人单位来说，也不是天上掉下来的免费馅饼。

对于毕业生来说，一方面，他们不是心甘情愿地接受试用期“零工资”条件，极大程度上是迫于无奈而为之。付出了劳动却得不到正当的报酬，这极大地伤害了毕业生刚刚进入社会工作的积极性。另一方面，在毕业生遇到劳动纠纷时没有保障。单位既然不付给毕业生工资，就不会为毕业生缴纳社会保险。毕业生万一遇到问题，就更没有保障了。另外，如果既没有签订劳动合同，又没有领取工资的记录，劳动者就无法证明自己与单位有劳动关系。如果发生工伤，需要认定，显然难度是极大的。因此，对毕业生来说，试用期“零工资”存在极大风险。

对于用人单位，从法律上来说，试用期“零工资”约定无效。《劳动合同法》第二十条规定：“劳动者在试用期的工资不得低于本单位相同岗位最低档工资或者劳动合同约定工资的百分之八十，并不得低于用人单位所在地的最低工资标准。”如果用人单位不同意支付工资，双方可以解除劳动合同，但用人单位必须向劳动者支付工资和经济补偿金。如果有长期不签合同的情况，还要补偿双倍工资。此外，如果单位没有为劳动者缴纳社会保险，劳动者还可以要求单位补缴工作期间的社会保险费。这些钱可能比正常支付的工资还要多。这样算下来，企业因为接受“零工资”劳务，所产生的费用远远高于遵守《劳动合同法》规定产生的费用。

3. 霸王条款，要求求职者提供担保，或是巧立名目向求职者收取费用

一些公司在招聘时常常要求求职者支付诸如信息费、报名费、登记费、资料费、注册费等名目繁多的费用，而当用人单位的企图满足之后，就会找出各种理由将应聘者“辞掉”，或者要求求职者提供担保或收取抵押金，否则不予录用。

用人单位这样做，一方面是想利用毕业生求职心切的心理来赚取一笔费用；另一方面，收取抵押金，则是出于怕求职者离职或跳槽而给用人单位带来损失。

《劳动合同法》第九条规定：“用人单位招用劳动者，不得扣押劳动者的居民身份证和其他证件，不得要求劳动者提供担保或者以其他名义向劳动者收取财物。”用人单位若违反上述规定，则应按照相关法律规定受到处罚。

二、职业院校学生如何规避求职陷阱

1. 拒缴各种名义的费用

招聘单位以各种名义向求职者收取抵押金、服装费、产品押金、风险金、报名费、培训费等行为，都属非法行为。招聘单位应当对本单位的职工进行培训，但不得收取培训费。求职者遇到此类情况，要坚持拒交，并向招聘单位所在地政府劳动监察大队直接举报，事态严重紧急时直接打 110 报警，以确保自己的合法权益不受侵害，同时可以向媒体曝光等。

2. 不轻信许诺到外地上岗

对外地企业或企业驻外地分公司、分厂、办事处的高薪招聘，不论待遇多么好，求职者千万要保持清醒的头脑和高度的警惕，不要轻信口头许诺，一是不去，二是到劳动保障部门咨询，并办理相关的手续，否则可能会吃大亏。

3. 掌握劳动法律法规和相关政策

求职者在求职前或求职过程中，应主动学习一些劳动法规和相关政策，提高自己的求职素质和独立思考的能力。

4. 多种途径了解公司背景

在求职者正式进入单位之前，应想方设法加强对企业的了解以免误入骗子设下的陷阱。比如：注意招聘单位的营业执照等相关证件；正规单位招聘一般会将招聘地点设在单位的办公室、会议室，对一些以租用的房间作为招聘地点的单位要警惕。

5. 谨慎签订劳动合同

与用人企业签订合同时，求职者要“三看”：一看企业是否经过市场监督部门登记以及企业注册的有效期限，否则所签订合同无效；二看合同字句是否准确、清楚、完整，不能用缩写、替代或含糊的文字表达；三看劳动合同是否有一些必备内容，包括劳动合同期限、工作内容、劳动保护和劳动条件、劳动报酬、社会保险和福利、劳动纪律、劳动合同终止的条件、违反劳动合同的责任等。必须签书面合同，试用期内也要签合同。

6. 发觉被骗，及时报案，并在媒体曝光

求职者一旦发觉上当受骗，要及时向招聘单位所在地的人力资源和社会保障局、劳动监察大队或公安局报案，寻求法律保护。但由于劳务诈骗往往涉及公安、市场监督、劳动、人力资源和社会保障等部门，求职者应该根据情况选择最有效的投诉部门，若被投诉的招聘单位为合法机构，求职者可以找劳动部门；若发现受骗情况特别严重、诈骗金额大，可以到公安部门报案。

三、保障毕业生就业的相关法律、法规条款

关于保障毕业生就业的法律、法规，主要涉及《中华人民共和国劳动法》《中华人民共和国劳动合同法》《中华人民共和国就业促进法》《中华人民共和国劳动争议调解仲裁法》等。

1.《中华人民共和国劳动法》

《中华人民共和国劳动法》第三条规定："劳动者享有平等就业和选择职业的权利、取得劳动报酬的权利、休息休假的权利、获得劳动安全卫生保护的权利、接受职业技能培训的权利、享受社会保险和福利的权利、提请劳动争议处理的权利以及法律规定的其他劳动权利。"这一条款为毕业生提供了基础的劳动权益保障。

2.《中华人民共和国劳动合同法》

《中华人民共和国劳动合同法》第七条规定："用人单位自用工之日起即与劳动者建立劳动关系。用人单位应当建立职工名册备查。"这一条款明确了劳动关系建立的时间点，为毕业生在实习或就业初期确认劳动关系提供了法律依据。

《中华人民共和国劳动合同法》第十七条规定："劳动合同应当具备以下条款：（一）用人单位的名称、住所和法定代表人或者主要负责人；（二）劳动者的姓名、住址和居民身份证或者其他有效身份证件号码；（三）劳动合同期限；（四）工作内容和工作地点；（五）工作时间和休息休假；（六）劳动报酬；（七）社会保险；（八）劳动保护、劳动条件和职业危害防护；（九）法律、法规规定应当纳入劳动合同的其他事项。劳动合同除前款规定的必备条款外，用人单位与劳动者可以约定试用期、培训、保守秘密、补充保险和福利待遇等其他事项。"这些条款确保了劳动合同的全面性和合法性，为毕业生在就业过程中维护自身权益提供了保障。

《中华人民共和国劳动合同法》第三十八条第一款第三项规定：用人单位未依法为劳动者缴纳社会保险费的，劳动者可以解除劳动合同。这一条款赋予了毕业生在用人单位未履行法定义务时的解除劳动合同权。

3.《中华人民共和国就业促进法》

《中华人民共和国就业促进法》第二十条第一款、第二款规定："国家实行城乡统筹的就业政策，建立健全城乡劳动者平等就业的制度，引导农业富余劳动力有序转移就业。县级以上地方人民政府推进小城镇建设和加快县域经济发展，引导农业富余劳动力就地就近转移就业；在制定小城镇规划时，将本地区农业富余劳动力转移就业作为重要内容。"这体现了国家对城乡劳动者平等就业的重视，为毕业生提供了更广阔的就业空间。

《中华人民共和国就业促进法》第二十五条规定："各级人民政府创造公平就业的环境，消除就业歧视，制定政策并采取措施对就业困难人员给予扶持和援助。"这一条款针对就业困难人员提供特别的扶持和援助政策，有助于保障包括毕业生在内的各类劳动者的就业权益。

4.《中华人民共和国劳动争议调解仲裁法》

《中华人民共和国劳动争议调解仲裁法》第二条规定："中华人民共和国境内的用人单位与劳动者发生的下列劳动争议，适用本法：（一）因确认劳动关系发生的争议；（二）因订立、履行、变更、解除和终止劳动合同发生的争议；（三）因除名、辞退和辞职、离职发生的争议；（四）因工作时间、休息休假、社会保险、福利、培训以及劳动保护发生的争议；（五）因劳动报酬、工伤医疗费、经济补偿或者赔偿金等发生的争议；（六）法律、法规规定的其他劳动争议。”这一条款明确了劳动争议的适用范围，为解决毕业生与用人单位的争议提供了法律依据。

以上法律法规为毕业生就业提供了全面的法律保障和支持。毕业生在就业过程中应增强法律意识，了解并维护自身权益。同时，政府和社会各界也应加强相关法律法规的宣传和执行力度，共同营造良好的就业环境。

知识考核

选择题

1. 根据《劳动合同法》的规定，用人单位与劳动者建立劳动关系后，应在（　　）订立书面劳动合同。

A. 一周内　　B. 一个月内

C. 三个月内　　D. 半年内

2. 用人单位在试用期不支付工资，这一行为（　　）。

A. 合法，因为试用期没有明确规定必须支付工资

B. 非法，违反了《劳动合同法》的相关规定

C. 合法，但应提前与劳动者协商

D. 非法，但劳动者需自行承担后果

3. 在求职过程中，若招聘单位要求求职者支付报名费、资料费等费用，求职者应（　　）。

A. 立即支付，以获得面试机会

B. 谨慎考虑，但为求工作机会可以支付

C. 坚决拒绝，并向相关部门举报

D. 先支付，入职后再申请退还

4. 关于劳动合同的签订，以下说法中正确的是（　　）。

A. 劳动合同必须包含公司所有内部规章制度

B. 劳动合同可以口头约定，无须以书面形式

C. 劳动合同内容应清晰、完整，不能用含糊的文字表达

D. 劳动合同只需双方口头同意即可生效

5. 求职者发现被骗后，应采取的首要措施是（　　）。

A. 立即联系家人和朋友寻求帮助

B. 自行前往公司讨要说法

C. 及时向相关部门报案并曝光

D. 忍气吞声，自认倒霉

6.《中华人民共和国就业促进法》中，关于毕业生就业的相关条款，以下选项中正确的是（　　）。

A. 国家实行城乡统筹的就业政策，建立健全城乡劳动者平等就业的制度

B. 各级人民政府应创造公平就业的环境，消除就业歧视

C. 国家对就业困难人员提供特别的扶持和援助政策

D. 以上都是

第三节 职业病及其预防

案例分享

2023年12月14日，××县卫生健康局卫生执法人员在某公司执法检查，发现该公司与劳动者订立劳动合同（含聘用合同，下同）时，未将工作过程中可能产生的职业病危害及其后果、职业病防护措施和待遇等如实告知劳动者，也未在劳动合同中写明，该公司的行为违反了《中华人民共和国职业病防治法》的规定，××县卫生健康局依据《中华人民共和国职业病防治法》第七十一条的规定，给予该公司警告的行政处罚。

一、职业病的概念

广义上讲，职业病是指与工作有关并直接与职业性有害因素有因果关系的疾病，即当职业性有害因素作用于人体的强度与时间超过一定限度，人体不能代偿其造成的功能性或器质性病理改变，并出现相应的临床征象，影响劳动能力。《中华人民共和国职业病防治法》第二条第二款规定："本法所称职业病，是指企业、事业单位和个体经济组织等用人单位的劳动者在职业活动中，因接触粉尘、放射性物质和其他有毒、有害因素而引起的疾病。"世界卫生组织对职业病的定义，除医学的含义外，还赋予立法意义，即由国家所规定的"法定职业病"。

二、职业病的分类

2024年12月公布的《职业病分类和目录》（自2025年8月1日起实施）将职业病分为12类135种。

（1）职业性尘肺病及其他呼吸系统疾病（19种），包括矽肺、煤工尘肺、石墨尘肺、过敏性肺炎、棉尘病等。

（2）职业性皮肤病（9种），包括接触性皮炎、光接触性皮炎、电光性皮炎等。

（3）职业性眼病（3种），包括化学性眼部灼伤、电光性眼炎、白内障（含三硝基甲苯白内障）。

（4）职业性耳鼻喉口腔疾病（4种），包括噪声聋、铬鼻病、牙酸蚀病、爆震聋。

（5）职业性化学中毒（59 种），包括铅及其化合物中毒（不包括四乙基铅）、汞及其化合物中毒、锰及其化合物中毒等。

（6）物理因素所致职业病（7 种），包括中暑、减压病、高原病等。

（7）职业性放射性疾病（13 种），包括外照射急性放射病、外照射亚急性放射病、外照射慢性放射病等。

（8）职业性传染病（5 种），包括森林脑炎、布鲁氏菌病、莱姆病等。

（9）职业性肿瘤（11 种），包括联苯胺所致膀胱癌、苯所致白血病、氯乙烯所致肝血管肉瘤等。

（10）职业性肌肉骨骼疾病（2 种），包括腕管综合征（限于长时间腕部重复作业或用力作业的制造业工人）、滑囊炎（限于井下工人）。

（11）职业性精神和行为障碍（1 种），即创伤后应激障碍（限于参与突发事件处置的人民警察、医疗卫生人员、消防救援等应急救援人员）。

（12）其他职业病（2 种），包括金属烟热，股静脉血栓综合征、股动脉闭塞症或淋巴管闭塞症（限于刮研作业人员）。

三、职业性有害因素

职业性有害因素按其来源可分为三大类。

1. 生产工艺过程中产生的有害因素

（1）化学因素。在生产中接触到的原料、中间产品、成品和生产过程中的废气、废水、废渣中的化学毒物可对健康产生损害。化学性毒物以粉尘、烟尘、雾、蒸气或气体的形态散布于车间空气中，主要经呼吸道进入体内，还可经皮肤、消化道进入体内。常见的化学性有害因素包括生产性毒物和生产性粉尘。主要包括：金属及类金属，如铅、汞、砷、锰等；有机溶剂，如苯及苯系物、二氯乙烷、正己烷、二硫化碳等；刺激性气体，如氯、氨、氮氧化物、光气、氟化氢、二氧化硫等；窒息性气体，如一氧化碳、硫化氢、氰化氢、甲烷等；苯的氨基和硝基化合物，如苯胺、硝基苯、三硝基甲苯、联苯胺等；有机化合物，如氯乙烷、氯丁二烯、丙烯腈、二异氰酸甲苯酯；高分子化合物，如含氟塑料等；农药，如有机磷农药、有机氯农药、拟除虫菊酯类农药等；生产性粉尘，如矽尘、煤尘、石棉尘、水泥尘及各种有机粉尘等。

（2）物理因素。物理因素是生产环境中的构成要素。不良的物理因素，如异常气象条件（如高温、高湿、低温、高气压、低气压），噪声、振动、非电离辐射（如可见光、紫外线、红外线、射频辐射、激光等），电离辐射（如 X 射线、γ 射线等），均可对人体产生危害。

（3）生物因素。生产原料和作业环境中存在的致病性微生物或寄生虫，如炭疽杆菌、真菌孢子（吸入霉变草粉尘所致的外源性过敏性肺泡炎）、森林脑炎病毒，以及生物病原物对医务卫生人员的职业性传染等。

2. 劳动作业中的有害因素

劳动作业是指生产中为完成某项生产任务而进行的各种操作的总和，主要涉及劳动强度、劳动组织及其方式等方面。这一过程产生的影响健康的有害因素包括：

（1）劳动组织和制度不合理、劳动作息制度不合理等。

（2）精神（心理）性职业紧张，如机动车驾驶时产生的紧张。

（3）个别器官或系统过度紧张，如发音器官过度紧张等。

（4）劳动强度超过人体负荷或生产定额不合理。

（5）长时间保持相同姿势或工具使用不合理等。

（6）不良的生活方式，如吸烟或过量饮酒；缺乏体育锻炼；个人缺乏健康和预防的知识，违反安全操作规范和忽视自我保健。

3. 生产环境中的有害因素

生产环境是指职业从事者操作、观察、管理生产活动所处的外环境，涉及作业场所建筑布局、卫生防护、安全条件和设施有关的因素，常见的生产环境中的有害因素包括：

（1）自然环境中的因素，如炎热季节的太阳辐射、高原环境的低气压、深井的高温高湿等。

（2）厂房建筑或布局不合理、不符合职业卫生标准，如通风不良、采光照明不足、有毒与无毒工段安排在一个车间等。

（3）由不合理生产过程或不当管理所致的环境污染。

在实际生产过程中，通常同时存在多种有害因素，对职业人群的健康产生联合作用，加剧了对职业从事者的健康损害。

四、职业病的发病条件

人体直接或间接接触职业性有害因素时，不一定都发生职业病，职业病的发病主要取决于以下三个条件：职业有害因素的性质；有害因素作用于人体的量；劳动者个体易感性。只有当职业性有害因素、作用条件和接触者个体特征三者联合在一起，符合一般疾病的致病模式，才可能造成人体职业性病损。

1. 职业性有害因素

主要是指接触职业性有害因素的性质、浓度和强度等。职业性有害因素的性质主要是指其基本结构和理化性质。在确认大多数职业病时，必须对职业性有害因素作用的浓度或强度进行估计。

2. 有害因素作用于人体的量

接触强度（接触的浓度或水平）、接触时间（每天或职业工作时间中累积接触的总时间）、接触途径（呼吸道、皮肤或其他途径进入人体或由于意外事故造成病伤）、接触方式等决定有害因素作用于人体的量。当职业性有害因素作用于人体的强度、时间超过肌体代偿时即造成职业性病损。

3. 个体易感性

不同个体在同一作业条件下发生职业性病损的机会和程度有一定的差别。有一些因素使肌体对职业性有害因素较易感，这些因素称个体危险因素，主要包括遗传、年龄、性别、营养、文化水平和生活方式等因素。存在危险因素的个体，被称为易感者或高危人群。

只有充分识别和评价各种职业性有害因素及其作用条件和个体特征，掌握三者之间的内在关联，采取措施阻断其因果链，才能预防职业病的发生。

五、职业病的特点

职业病涉及的领域很广，病因比较复杂，疾病表现形式多种多样，但它们又有共同的特点：

（1）病因明确，即为职业性有害因素；在控制病因或作用条件后，可以减少或消除发病风险。

（2）所接触的病原大多是可识别和检测的，需达到一定的强度（浓度或剂量）才能致病，一般存在“接触水平（剂量）一效应（反应）”关系。

（3）在接触同一职业性有害因素的人群中常有一定的发病率，很少出现个别病例。

（4）大多数职业病如能早期发现、早期诊断、及时合理治疗，则预后康复效果较好。

（5）重在预防。除职业性传染病外，个体治疗无助于控制人群发病。大多数职业病目前尚无特效治疗方法，发现愈晚，疗效愈差，应着眼于保护职业人群健康的预防措施。

六、常见职业病及其预防

1. 农药中毒及其预防

农药是一类特别的化学品，它既能防治农林病虫害，也会对人畜产生危害。农药的接触非常广泛，既有大量从事生产、运输、保存、使用的职业接触人群，也有通过污染的产品、水体、土壤等环境接触的社会人群。慢性农药中毒早期表现为手足发麻、疼痛、触觉减退，进一步发展可表现为四肢无力、握拳困难、行走费力甚至不能站立。双上肢出现肌无力时，双手难以做精细动作，不能夹菜、扣衣扣、剥鸡蛋壳等，严重时可致瘫痪。

农药中毒的主要预防措施：工艺改革和密闭通风措施；降低空气中的农药浓度；经常检测作业环境空气中农药的浓度；加强对作业工人的健康检查，做好上岗前和在岗期间的定期健康检查工作。凡患有多发性周围神经病以及糖尿病等职业禁忌证的人员，均不得从事接触正己烷的作业。凡有神经系统器质性疾患、严重皮肤病或过敏性皮肤病者不宜从事接触拟除虫菊酯类农药的工作。现场禁止吸烟、进食和饮水，工作完毕要淋浴、更衣，保持良好的卫生习惯。

2. 生产性粉尘及其防护

生产性粉尘主要指在生产活动中产生的能够较长时间漂浮于生产环境中的固体颗粒

物，是污染作业环境、损害劳动者健康的重要职业性有害因素，可引起包括尘肺病在内的多种职业性肺部疾病。产生和存在生产性粉尘的行业和岗位众多，如矿山开采的凿岩、爆破、破碎、运输等；冶金和机械制造工业中的原材料准备、粉碎、筛分、配料等；皮毛、纺织工业的原料处理等。如果防尘措施不够完善，均可产生大量粉尘。

无论是发达国家还是发展中国家，生产性粉尘的危害是十分普遍的，尤以发展中国家为甚。我国政府对粉尘控制工作一直给予高度重视，在防治粉尘危害和预防尘肺发生方面做了大量的工作。

个体防护是防止粉尘进入呼吸系统的最后一道防线，也是技术防尘措施的必要补充。在作业现场采取防尘、降尘措施难以使粉尘浓度降至国家卫生标准所要求的水平时，如井下开采的盲端，必须使用个人防护用品。工人防尘防护用品包括：防尘口罩、防尘眼镜、防尘安全帽、防尘衣、防尘鞋等。

粉尘接触作业人员还应注意个人卫生，作业点不吸烟，杜绝将被粉尘污染的工作服带回家，经常进行体育锻炼，加强营养，增强个人体质。

3. 职业性中暑及其预防

（1）职业性中暑的概念。

职业性中暑是指在高温作业环境下，由于热平衡和（或）水盐代谢紊乱而引起的以中枢神经系统和（或）心血管系统障碍为主要表现的急性疾病。

高温作业通常分为三种类型：

①高温、强热辐射作业。这些生产场所的环境特点是气温高、热辐射强度大，而相对湿度较低，形成干热环境。其主要的职业接触如冶金工业的炼焦、炼铁、轧钢等车间；机械制造工业的铸造、锻造、热处理等车间；搪瓷、玻璃、砖瓦等工业的窑炉车间；火力发电厂和锅炉房等。

②高温、高湿作业。这种场所的环境特点是温度、湿度高，而辐射强度不大。主要是由于生产过程中产生大量水蒸气或生产上要求车间内保持较高的相对湿度所致。如印染、缫丝、造纸等工业中液体加热或蒸煮时，车间气温可达35℃以上，相对湿度常高达90%以上。潮湿的矿井内气温可达30℃以上，相对湿度达95%以上，如通风不良就会形成高温、高湿和低气流的条件，即湿热环境。

③夏季露天作业。夏季在农田劳动、建筑、搬运等露天作业中，除受太阳的辐射作用外，还接受被加热的地面和周围物体二次辐射源的附加热作用，形成高温、热辐射的作业环境。

（2）职业性中暑的预防保健措施。

①人数较多的生产车间、高温环境场所应采取必要的通风和降温措施，应置备风油精和藿香正气水等防暑药品。

②天气炎热时，必须保证饮水供应，有条件的应提供白糖和含盐的清凉饮料。

③天气炎热时，劳动者应注意保障休息睡眠、合理搭配营养、及时诊治疾病。在室外工作场所应采取穿浅色或素色的服装、戴遮阳帽等防晒措施，尽量避免长时间被阳光

暴晒。

④加强个人防护。用人单位应为劳动者提供符合要求的个人防护用品，并督促和指导劳动者正确使用。高温作业的工作服应结实、耐热、宽大，活动方便，应按不同作业需要，及时提供工作帽、防护眼镜、隔热面罩、隔热靴等。用人单位应对劳动者进行上岗前职业卫生培训和在岗期间的定期职业卫生培训，普及高温防护、中暑急救等职业卫生知识。

⑤医疗预防。对高温作业人员应进行就业前和入暑前体检，凡患有心血管系统疾病、高血压、溃疡病、肺气肿、肝病、肾病等疾病的人员不宜从事高温作业工作。

⑥饮食要点。在饮食和营养方面应多补充水、食盐和水溶性维生素等。

总之，在高温作业的生产环境里，用人单位要提供良好的劳动保护措施，劳动者做好充足的个人防护及保健措施，即可避免职业性中暑事件的发生。

4. 一氧化碳中毒及其预防

含碳物质的不完全燃烧过程均可产生一氧化碳，一氧化碳为分布广泛的窒息性气体，接触一氧化碳的作业存在于 70 余种工业生产中，主要包括：

（1）冶金工业中的炼焦、炼钢、炼铁等。

（2）机械制造工业中的铸造、锻造车间。

（3）化学工业中以一氧化碳为原料制造光气、甲醇、甲醛、甲酸、丙酮、合成氨等。

（4）燃气的制取，如煤气。

（5）耐火材料、玻璃、陶瓷、建筑材料等工业使用的窑炉、煤气发生炉等。

（6）碳素石墨电极制造。

（7）内燃机试车。

（8）矿井放炮和煤矿瓦斯爆炸事故。

（9）生产中使用含有一氧化碳的可燃气体，都可能接触一氧化碳。

对有一氧化碳作业风险的单位，应加强对急性一氧化碳中毒的宣传，增加对一氧化碳中毒的了解；学习一氧化碳中毒相关症状和急救知识，能及时发现意外状况，进行自救和互救；装置一氧化碳自动报警器；生产场所加强通风；在工作中认真执行安全生产制度和操作规程，经常检查相关生产设备；加强个人防护，在进入高浓度一氧化碳环境时，要佩戴隔绝式呼吸防护用品。两人同时工作，方便监护和互助。

5. 职业性铅中毒及其预防

职业性铅中毒是我国最常见的慢性中毒之一。铅是工业上广泛使用的一种有毒金属，用于冶金、印刷、蓄电池、陶瓷、油漆、塑料、试剂、玻璃、制药等行业。铅作业工人接触铅比较经常而且普遍，主要的职业接触机会包括：

（1）铅矿开采及含铅金属与合金的冶炼。

（2）蓄电池制造和废旧蓄电池回收利用。

（3）交通运输业，如火车轴承挂瓦。

（4）桥梁船舶修造业，如涂含铅防锈漆的钢板焊接或熔割。

（5）熔铅作业，如制造铅丝、铅皮、铅管，以及旧印刷业的铸版、铸字等，均可接触铅烟、铅尘或铅蒸气。

（6）铅氧化物常用于蓄电池、玻璃、搪瓷、景泰蓝、铅丹、铅白、油漆、颜料、釉料、防锈剂等的生产中。

职业性铅中毒的预防措施有以下几点：

（1）现场预防。关键在于控制生产环境中的铅浓度，用无毒或低毒物代替铅。改革生产工艺，实现自动化、密闭化，或使用净化装置，定期进行环境监测。对粉尘、有毒蒸气或气体的操作在密闭情况下进行，辅以局部吸风，有热毒气发生时，可采用局部排风罩，控制职业性铅有害因素的扩散。控制熔铅温度，减少铅蒸气逸出。

（2）加强个人防护。铅作业的工人应穿工作服、防护服，戴过滤式防烟尘口罩等，应根据危害接触情况而选用。严禁在车间进食。

（3）就业前体检。有肝脏、肾脏疾患，心血管器质性疾患，血液病，神经、精神疾病的患者，均不宜从事铅作业工作。对于孕妇及哺乳期妇女，应暂时将其调离铅作业岗位。

（4）健康监护体检。铅作业工人每年应定期体检一次，生产环境中铅浓度高者，每年可进行两次体检。

6. 职业性苯中毒及其预防

苯在工农业生产中被广泛使用，与苯有关的工业生产包括：

（1）制苯工业。煤焦油提炼、石油裂解重整或用乙炔人工合成。

（2）接触溶剂与稀释剂。用于油漆、喷漆、皮鞋、橡胶、油墨、树脂、生药提取和药物重结晶。

（3）制造化工原料。如制造含苯环的染料、药物、香料、农药、炸药、合成纤维、合成橡胶等。

用无毒或低毒物质代替苯，是从根本上解决苯中毒问题的最好办法。另外，改革生产工艺和通风排毒，加强生产过程密闭化、自动化和程序化，安装有充分效果的局部抽风排毒设备；对苯作业现场进行定期劳动卫生学调查，监测空气中苯的浓度，使作业场所空气中苯的浓度保持低于国家卫生标准；加强健康监护，认真做好就业前和定期体检工作，避免有职业禁忌的劳动者从事有毒有害作业，对发现健康损害的要及时调离原岗位；加强个人防护，如戴防苯口罩或使用送风式面罩；高浓度苯作业时，需穿防毒物渗透工作服，佩戴过滤式防毒面罩、橡胶手套和防护眼镜；适当调整工休制度，避免持续接触毒物。

知识考核

选择题

1. 根据《中华人民共和国职业病防治法》的规定，职业病是指企业、事业单位和个体经济组织等用人单位的劳动者在职业活动中，因接触（　　）而引起的疾病。

A. 仅粉尘

B. 仅放射性物质

C. 粉尘、放射性物质和其他有毒、有害因素

D. 仅其他有毒因素

2. 职业病分为（　　）。

A. 9 类 130 种　　B. 10 类 132 种

C. 12 类 135 种　　D. 12 类 140 种

3. 以下选项中的（　　）不属于职业性化学中毒的分类。

A. 铅及其化合物中毒　　B. 汞及其化合物中毒

C. 锰及其化合物中毒　　D. 砂肺

4. 以下不是职业性中暑的预防保健措施的是（　　）。

A. 采取必要的通风和降温措施

B. 暑期保证饮水供应，提供含盐的清凉饮料

C. 天气炎热时，劳动者应穿深色服装进行室外工作

D. 加强个人防护，提供符合要求的个人防护用品

5. 关于职业性铅中毒的预防，以下措施中错误的是（　　）。

A. 控制生产环境中的铅浓度

B. 用无毒或低毒物代替铅

C. 铅作业工人可以随意在车间进食

D. 加强个人防护，穿工作服、防护服，戴过滤式防烟尘口罩

第十章 自然灾害防范与应对

学习目标

1. 熟悉自然灾害引起的卫生问题，提高应对自然灾害的能力，掌握急救技巧。
2. 了解暴雨、洪水、雷电、大风、高温热浪、雾霾的危害和自我防护措施。
3. 了解地震、泥石流、山体崩塌等地质灾害的产生原因及危害，掌握这些灾害的应急避险要点。
4. 掌握基础的应急避险知识和自救互救知识。

第一节 自然灾害引起的常见卫生问题

案例分享

2004 年孟加拉国暴发洪灾，凶猛的洪水几乎将孟加拉国的三分之一淹没，几百万人流离失所。根据孟加拉国官方的统计数字显示，全国有 39 个县、约 3 600 万人受水灾影响，共有 747 人死于洪灾，400 多万间房舍遭到不同程度破坏。在灾后，暴发了 17 000 例以上的腹泻病；从病例中分离出霍乱弧菌和产肠毒素大肠杆菌。

自然灾害是指给人类生存带来危害或损害人类生活环境的自然现象，包括干旱、洪涝、台风、冰雹、暴雪、沙尘暴等气象灾害；火山爆发、地震、山体崩塌、山体滑坡、泥石流等地质灾害；风暴潮、海啸等海洋灾害；森林、草原火灾和重大生物灾害等。自然灾害不仅会造成人员的伤亡，还会对环境、社会、经济、通信、交通运输等产生巨大的破坏，对救灾本身（如水源、医疗救护）造成很大的不便。根据各国抗击自然灾害的经验，世界卫生组织将自然灾害引起的常见卫生问题概括如下：社会的恐慌反应、流行病的发生、人群迁移、不良气候的暴露、食物和营养的缺乏、水供应困难和环境卫生恶劣、精神卫生问题、卫生服务机构的破坏。

一、社会的恐慌反应

在自然灾害发生之后，恐慌成为人类首先的共同反应。但人们的恐慌和无望的等待并不会持续太长的时间，强烈的求生欲望使幸存者在受到突如其来的灾害惊吓之后仍然能够较快地组织起来，开始进行有目的的行动。自然灾害发生后，通常会有许多关于传染病的流言，这又加剧了恐慌反应的程度，其结果往往是使政府或救灾机构在进行相关工作时承受巨大的压力。

二、流行病的发生

自然灾害发生后，在特定的环境下会增加疾病传播的能力，也有可能会引起传染病的广泛传播。灾后短期内，传染病发病率增高最常见的原因是排泄物污染水和食物。因此，这些疾病主要是肠道系统疾病，如霍乱、伤寒、菌痢等。一般的经验是，传染病暴发的风险有一部分是由人群密度和迁移程度决定的。人群迁移增加了水、食物供应的压力和各种污染事件发生的概率。时间稍长，一些自然疫源性疾病会随着病媒生物与人的接触机会增加而逐渐增多，如鼠疫、疟疾、出血热等。在一些疫苗免疫工作较差的地方，由于人口居住拥挤，现存的环境卫生服务设施较差，为一些呼吸道疾病的流行提供了便利。

三、人群迁移

如果大部分房屋被毁坏，大量受灾人群可能就要迁移，人们首先想到的是向亲属、朋友寻求庇护，找较近一些的避难场所。如果灾害持续时间较长，人们会被迫搬迁，寻找栖身之地，为安全考虑，临时的居住地一般离灾害发生地点较远，比较偏僻，往往是公共卫生服务覆盖不到的地区。大量人口在短时间内迁移，面临许多卫生方面的问题，结果可能导致传染病发病率和病死率的持续增高，也增加了救助需求的急迫性。

四、不良气候的暴露

由于大量受灾人群在短时间内可能会缺衣少食，身体对疾病的抵抗力会下降，因此，需要首先考虑灾后的气候条件。在温和的气候条件下发生自然灾害之后，自然环境暴露对健康危害并不大；反之，就需要慎重考虑此项因素。气候寒冷或炎热往往会加大自然灾害对人类社会的破坏程度。在不良气候条件下，提供紧急避难场所，以减少幸存灾民受到威胁成为首要的工作。这时，对卫生服务需求（如中暑、冻伤等）会因气候条件的变化而变化，但总体上有逐渐增多的趋势。同时，这种需求在条件不同的地区差别很大。国际上的经验表明：只要受灾群众居住在干燥的场所、有足够的衣服、有防风场所，不良气候的暴露带来的死亡风险将大大降低。

五、食物和营养的缺乏

受灾之后若干天往往会出现食物短缺，并有持续的趋势。一方面是由于受灾地区食物储存地的破坏，可能导致当地现有食物绝对数量的减少；另一方面是即使食物绝对数量没有减少，食物分配系统的破坏也会减少获得食物的途径，如道路的毁坏、运输车辆的短缺、对当地情况不熟悉，都会使食物的供给出现大范围的突然短缺。对于一个家庭来说，灾害通常会毁坏他们的食物和粮食储存，只能依靠外界的援助。在食物不足的情况下，营养问题也开始凸显，尤其对于一些婴幼儿、老人来说，会对其生命造成威胁，增加了他们灾后死亡的概率。因此，至少在灾后短期内，食物分配通常是主要和紧急的需求。

六、水供应困难和环境卫生恶劣

自然灾害发生后，饮用水供应系统和排水系统会遭到不同程度的破坏，在灾情严重的地方，饮用水供应系统和排水系统会被破坏，继而引起严重的健康风险。在缺水条件下，灾民可能会铤而走险，去饮用池塘水、灾后形成的内涝水。这些水可能因排水系统损坏而遭污染，增加了疾病在灾民中暴发的风险。生活环境和居住环境的卫生难以得到保证，蚊蝇滋生、有毒有害的物质泄漏等成为迫切的生存问题。

七、精神卫生问题

灾民暴露在陌生而充满危险的环境中，又要想办法生存，压力无法得到缓解，失去亲人的痛苦、生活无着的焦虑、抑郁和神经症成为灾害发生之后主要和紧急的公共卫生问题。另外，精神卫生问题的高危人群也包括卫生工作者和救援志愿者。国际经验表明，在灾害发生期间，精神卫生问题十分重要，而且需要在此期间采取应对措施。

八、卫生服务机构的破坏

自然灾害会对卫生设施产生严重的破坏，对依赖卫生机构服务的人群带来直接的影响，缺医少药成为一个普遍现象，有时医院本身也无法运行，限制了对灾民进行救助的能力。因此，卫生机构的破坏是导致灾后急救困难和后续幸存者死亡的重要原因。

我国是自然灾害多发的国家，应该借鉴世界各国灾害卫生的经验，根据自然灾害引起的常见卫生问题的特点开展研究和分析，积极研究对策，为保护人民群众的健康服务。

知识考核

选择题

1. 下列不属于自然灾害的类型是（　　）。

A. 气象灾害　　B. 地质灾害

C. 非重大生物灾害　　D. 海洋灾害

2. 自然灾害发生后，传染病发病率增高的最常见原因是（　　）。

A. 空气污染　　B. 排泄物污染水和食物

C. 昆虫叮咬　　D. 辐射污染

3. 在自然灾害发生后，下列疾病中的（　　）可能会随着病媒生物与人的接触机会增加而逐渐增多。

A. 糖尿病　　B. 鼠疫

C. 心脏病　　D. 近视

4. 在自然灾害发生后，受灾人群可能面临的主要卫生问题之一是（　　）。

A. 过度娱乐　　B. 食物和营养的缺乏

C. 过度睡眠　　D. 过度消费

5. 自然灾害发生后，对灾民精神卫生影响的主要因素不包括（　　）。

A. 失去亲人的痛苦　　B. 生活无着的焦虑

C. 充足的食物供应　　D. 陌生而充满危险的生存环境

6. 关于自然灾害对卫生服务机构的影响，以下描述中正确的是（　　）。

A. 卫生服务机构通常不会受到自然灾害的影响

B. 自然灾害发生后，卫生服务机构会立即恢复正常运行

C. 自然灾害对卫生设施会产生严重的破坏，导致缺医少药

D. 自然灾害只会影响卫生服务机构的人员，不会影响其设施

第二节　应对气象灾难

案例分享

2021 年 7 月 17 日至 23 日，河南省遭遇历史罕见特大暴雨，发生严重洪涝灾害，特别是 7 月 20 日该省省会城市郑州遭受重大人员伤亡和财产损失。灾害共造成河南省 150 个县（市、区）1 478.6 万人受灾，因灾死亡失踪 398 人，直接经济损失 1 200.6 亿元。

一、暴雨

1. 什么是暴雨

气象上规定，每小时降雨量 16 毫米以上或连续 12 小时降雨量 30 毫米以上、24 小时降水量 50 毫米或以上的雨称为“暴雨”。

2. 暴雨预警信号

暴雨预警信号分四级，分别以蓝色、黄色、橙色、红色表示。暴雨蓝色预警指 12 小时内降雨量将达 50 毫米以上，或者已达 50 毫米以上且降雨可能持续。暴雨黄色预警指 6 小时内降雨量将达 50 毫米以上，或者已达 50 毫米以上且降雨可能持续。暴雨橙色预警指 3 小时内降雨量将达 50 毫米以上，或者已达 50 毫米以上且降雨可能持续。暴雨红色预警指 3 小时内降雨量将达 100 毫米以上，或者已达 100 毫米以上且降雨可能持续。

3. 暴雨的危害

（1）城市内涝。会造成严重的经济损失，包括房屋地基因积水而造成的损坏、财产因进水而造成的损失、交通瘫痪对物流行业造成的影响、施工场地因停工而造成的损失等。会对城市卫生造成很大的影响，会导致合流制溢流污染，还会因长时间浸泡垃圾等产生恶臭，对周边水体产生非常大的影响。在短时间内给城市带来较大的排水压力，当大量径流沿河道输送至下游时，会严重影响下游城市的行洪，给下游城市带来严重的排水压力。对周边生态系统的破坏也是极其严重的，城市本身处在一个生态环境极为脆弱的体系之中，长期的淹水条件会对动植物生长造成很严重的影响。

（2）洪涝灾害。由暴雨引起的洪涝会淹没作物，使作物新陈代谢难以正常进行而发生各种伤害，淹水越深、淹没时间越长，危害越严重。特大暴雨引起的山洪暴发、河流泛滥，不仅危害农作物、果树、林业和渔业，而且还冲毁农舍和工农业设施，甚至造成人畜伤亡，经济损失严重。

4. 如何预防暴雨带来的危害

（1）预防居民住房发生小内涝，可因地制宜，在家门口放置挡水板或堆砌土坎。

（2）室外积水漫入室内时，应立即切断电源，防止积水带电伤人。

（3）在户外积水中行走时，要注意观察，贴近建筑物行走，防止跌入井、地坑等。

（4）驾驶员遇到路面或立交桥下积水过深时，应尽量绕行，避免强行通过。如果车辆被困水中，要立即解开安全带，同时打开车门电子中控锁，以防车门电路失灵。如果是刚刚积水，一定要及时打开车窗，迅速打开车门逃生。但如果错过这个时间点，也不要惊慌失措，要选择破窗逃生。

（5）家住平房的居民应在雨季来临之前检查房屋，维修房顶。日常生活中不要将垃圾、杂物丢入马路下水道，以防堵塞，积水成灾。

（6）暴雨期间尽量不要外出，必须外出时应尽可能绕过积水严重的地段。在山区旅游时，注意防范山洪灾害。上游来水突然浑浊、水位上涨较快时，须特别注意。

二、洪水

1. 什么是洪水

洪水是指河流、海洋、湖泊等水体上涨超过一定水位，威胁有关地区的安全，甚至造成灾害的水流，又称大水。

2. 洪水形成的原因

洪水是由暴雨、急剧融冰化雪、风暴潮等自然因素引起的江河湖泊水量迅速增加，或者水位迅猛上涨的一种自然现象，是自然灾害的一种。

3. 洪水来时如何自救

（1）洪水到来时，来不及转移的人员，要就近迅速向山坡、高地、楼房、避洪台等地转移，或者立即爬上屋顶、楼房高层、大树、高墙等高处暂避。

（2）如水位继续上涨，暂避的地方已难自保，则要充分利用准备好的救生器材逃生，或者迅速找一些门板、桌椅、木床、大块的泡沫塑料等能漂浮的材料扎成筏逃生。

（3）如果已被洪水包围，要设法尽快与当地政府防汛部门取得联系，报告自己的方位和险情，积极寻求救援。千万不要游泳逃生，不可攀爬带电的电线杆、铁塔，也不要爬到泥坯房的屋顶。

（4）如已被卷入洪水中，一定要尽可能抓住固定的或能漂浮的东西，寻找机会逃生。

（5）发现高压线铁塔倾斜或者电线断头下垂时，一定要迅速远避，防止直接触电或因地面跨步电压而触电。

（6）洪水过后，要做好卫生防疫工作，预防疫病的流行。

三、雷电

1. 什么是雷电

雷电是伴有闪电和雷鸣的一种放电现象。雷电一般产生于对流发展旺盛的积雨云中，因此常伴有强烈的阵风和暴雨，有时还伴有冰雹和龙卷风。

2. 形成雷电的原因

由于云层相互摩擦、碰撞而使不同的云层带不同的电，当电压达到可以击穿空气的程度以后，邻近的两片云层会发生放电现象，产生电火花和巨大的响声。

3. 预防雷电的措施

（1）室内预防雷电灾害的措施。

①发生雷雨时，一定要关好门窗，防止直击雷和球形雷的入侵。同时还要尽量远离门窗、阳台和外墙壁。否则，一旦雷击房屋，可能会受到接触电压和旁侧闪击的伤害，成为雷电电流的泄放通道。

②在室内不要靠近，更不要触摸任何金属管线，包括水管、暖气管、燃气管等。特别提醒，在雷雨天气不要洗澡，尤其是不要使用太阳能热水器洗澡。

③在房间里不要使用任何家用电器，包括电视、电脑、电话、电冰箱、洗衣机、微波炉等。

④要保持室内地面的干燥以及各种电器和金属管线的良好接地。如果室内的地板或电器线路潮湿，可能会发生雷电电流引起的漏电伤人。室内的金属管线接地不好，接地电阻很大，雷电电流不能很通畅地泄放到大地，就可能会击穿空气向人体放电，造成人员伤亡。

（2）室外预防雷电灾害的措施。

①由于云与大地之间发生的雷电，是有选择性的，一般高大的物体以及物体的尖端容易被雷击。因此，在室外不要靠近铁塔、烟囱、电线杆等高大物体，更不要躲在大树下或者到孤立的棚子、小屋里避雨。

②如果在室外无处躲藏，可以躲在与避雷装置顶成45°角的圆锥范围内，这是避雷针安全保护的区域，但不要靠近这些建筑物或构筑物本体。

③在郊外旷野里，要找一块地势低的地方，站在干燥的、最好是有绝缘功能的物体上，蹲下且两脚并拢，使两腿之间不会产生电位差。

④为了防止接触电压的影响，在室外千万不要接触任何金属物品，如电线、钢管、铁轨等。

⑤当在野外高山活动时遇到雷电，最好是躲进山洞里，并且尽量躲到山洞深处，两脚要并拢，身体不可接触洞壁。

⑥在雷雨天气时，千万不要到江河湖塘等水面附近活动，要尽快躲避，并且远离水面。

⑦如果正在驾驶汽车，将车的门窗关闭好躲在车里，汽车的金属外壳具有非常好的屏蔽作用。

4. 被雷击伤后如何急救

（1）受雷击而烧伤或严重休克的人，身体不带电，抢救时可以立即扑灭他身上的余火，实施紧急抢救。

（2）若伤者失去知觉，但有呼吸和心跳，则有可能自行恢复。应该让他舒展平卧，安静休息后送医院治疗。

（3）若伤者已经停止呼吸和心跳，应迅速果断地交替进行口对口人工呼吸和心脏按压，并及时送往医院抢救。

四、大风

1. 什么是大风

大风是快速流动的空气。促使空气流动的原因有很多种。按照大风生成的天气形势可将大风分为冷空气带来的大风、雷雨大风、台风和龙卷风等。我国气象观测业务中规定，瞬时风速达到或超过 8 级（17m/s）时，称为大风；在天气业务规范中则规定，平均风速大于等于 6 级（10.8m/s）时为大风。

2. 大风的危害

大风灾害四季均有，频率高、范围广、灾情重，冬春季以寒潮大风为主，还伴有剧烈的降温。大风对建筑、电力设施、交通运输及人民生活都会造成很大的影响，主要有以下四个方面的危害：

（1）建筑物受损或倒塌。

各类危旧房、工棚、临时建筑、围墙、广告牌、游乐设施、建筑施工中的吊机、电梯、脚手架等在强风中易被刮倒或刮断，造成人员伤亡。

地面风速大于 4 级就会对建筑施工产生影响，10m 高塔吊不运转；风速大于 5 级时，60m 高塔吊易出轨翻倒；风速大于 8 级时，吊车易翻倒，脚手架难以架设。因此在大风天里，不要在危旧房里停留；行走在路上应该注意观察周围广告牌、灯箱等是否有脱落的迹象；路过建筑工地时，要注意高处建筑器材是否会坠落。

（2）对供电系统造成影响。

大风不仅会吹倒电线杆，使其折断，连万伏以上的高压铁塔也有可能被压倒损坏，造成停电事故。

（3）对交通的影响。

大风可吹翻车辆或使之失控和停驶。公路上遇到强风时，汽车车速越快越容易失控。

（4）对大气环境的影响。

冬春大风可刮起地面沙尘，使空气质量恶化。因此，应及时关好门窗，出门时可以戴上纱巾或者眼镜来保护自己，预防呼吸道疾病的发生。

3. 如何应对大风天气

（1）大风天气迷眼睛别揉。大风天气若是迷了眼睛，千万别用手揉。因为手可能沾有许多细菌，如果用手揉眼睛，会损伤眼角膜，严重时甚至会导致失明。可以滴眼药水或多眨眨眼睛，如果不起作用，应立即去医院，不能拖延。

（2）远离水边、树下、广告牌、电杆下、玻璃等处。大风会刮起大浪，刮倒大树、广告牌、电线杆等，还会刮碎玻璃，所以要尽量待在屋子里远离窗户的位置。

（3）当风力达到 11 级或 11 级以上时，最好别外出，大风会刮倒大树，甚至房屋。

（4）大风过后，要做好救护工作。

五、高温热浪

1. 什么是高温热浪

高温热浪又叫高温酷暑，是一个气象学术语，通常指持续多天的35℃以上的高温天气。高温热浪的标准主要依据高温对人体产生影响或危害的程度而制定。

2. 我国高温热浪的标准

我国一般把日最高气温达到或超过35℃时称为高温，连续数天（3天以上）的高温天气过程称为高温热浪。近年来高温热浪天气频繁出现，高温带来的灾害日益严重，为此，我国气象部门特别制定了高温预警信号。

3. 如何应对高温天气

（1）在户外工作时，采取有效防护措施，切忌在太阳下长时间暴晒皮肤，最好随身携带冰凉的饮料。

（2）不要在阳光下疾走，也不要到人群聚集的地方。从外面回到室内后，切勿立即开空调。

（3）尽量避开在上午10时至下午4时之间出行，应在口渴之前就补充水分。

（4）高温天要注意饮食卫生，防止胃肠性感冒。

（5）要注意保持充足睡眠，有规律地生活和工作，增强免疫力。

（6）要注意对特殊人群的关照，特别是老人和小孩，高温天容易诱发老年人心脑血管疾病和小儿不良症状。

（7）要注意预防日光暴晒后，日光性皮炎的发病。如果皮肤出现红肿等症状，应用凉水冲洗，严重者应到医院治疗。

（8）出现头晕、恶心、口干、迷糊、胸闷气短等症状时，应立即休息，喝一些凉水降温，若症状不能缓解，应立即到医院治疗。

六、雾霾

1. 什么是雾霾

雾霾，顾名思义是雾和霾。但是雾和霾的区别很大。

雾是由大量悬浮在近地面空气中的微小水滴或冰晶组成的气溶胶系统，多出现于秋冬季节，是近地面空气中水汽凝结的产物。雾的存在会降低空气透明度，使能见度降低。如果目标物的水平能见度降低到1 000米以内，就将悬浮在近地面空气中的水汽凝结物的天气现象称为雾。

霾，也称灰霾（烟雾）。空气中的灰尘、硫酸、硝酸、有机碳氢化合物等粒子也能使大气浑浊。人们通常将目标物的水平能见度在1 000～10 000米的现象称为轻霭。

雾霾天气是一种大气污染状态。雾霾是对大气中各种悬浮颗粒物含量超标的笼统表述，尤其是PM2.5（空气动力学当量直径小于等于2.5微米的颗粒物）被认为是造成雾霾天气的“元凶”。

2. 雾霾天气应如何自我防护

首先，尽量减少暴露在室外的时间，降低室外活动强度。特别是患有心脑血管等慢性病的人，更应在雾霾天减少室外活动，因为此时容易因缺氧而诱发心肌梗死、心绞痛等疾病。

其次，注意改善室内空气质量。雾霾天气室外空气质量差，室内空气质量也不能完全改善。专家建议，雾霾天气应保持门窗紧闭，以降低空气污染物从室外到室内的渗透速率，降低室内 PM2.5 浓度。可选购具有品牌信誉度的室内空气净化器，还可以在室内种植绿色植物，以降低室内的飘尘和 PM2.5 浓度。

再次，在不得不外出的情况下，注意加强自我保护，选择合适的防尘口罩。虽然民用防霾口罩没有国家标准，市场上口罩质量鱼龙混杂。但医学专家建议，市民挑选口罩时，尽量选择材质密实的，以最大程度阻隔颗粒物。同时，要注意口罩是否有吸附层，吸附层可以将穿透口罩的颗粒物吸附。

最后，注意调整饮食结构。专家建议，雾霾天人们应多饮水，适当调节饮食，饮食以清淡为佳。缺乏维生素 A 会使呼吸道上皮和免疫球蛋白的功能受损，容易引起呼吸道感染，因此可多吃富含维生素 A、β-胡萝卜素的食物。另外，可以食用莲子、百合、排骨汤、银耳羹、鸭肉粥等具有养肺功能的食物。由于存在个体差异，因此，根据自身情况选择润肺饮食效果更好。

知识考核

选择题

1. 当遭遇暴雨天气时，下列做法中不正确的是（　　）。

A. 打雷时，可以在大树下躲雨

B. 路面有积水时，谨慎行走，避开下水道井口

C. 尽快离开棚户房之类的简易破旧房屋，转移到坚固的房屋内

D. 因为降水量太大而导致交通不便，尽量减少户外活动

2. 当遭遇暴雨天气时，以下说法中错误的是（　　）。

A. 雷雨天气不能站在大树底下躲雨

B. 雷雨天气来临时，应关好门窗，切断电器设备的电源

C. 雷雨天气时，躲到大型金属广告牌下避雨比较安全

D. 雷雨天气前，最好拔掉电话线、有线电视线和网络线

3. 大风天气行车，由于风速和风向不断地发生变化，当感到转向盘突然难以控制时，驾驶人要（　　）。

A. 逆风向转动转向盘　　B. 顺风向转动转向盘

C. 采取紧急制动　　D. 双手稳握转向盘

4. 雾霾天气，（　　）等对污染比较敏感的人群最好别出门。

A. 青年人　　B. 孩子、孕妇

C. 青少年　　D. 中年人

第三节 应对地质灾难

案例分享

2024 年 1 月 22 日 5 时 51 分，云南省昭通市镇雄县两个村民小组发生山体滑坡。发生山体滑坡的两个村民小组房屋沿山腰至山脚分散修建，海拔落差较大，山高坡陡。

据了解，此次灾害为诱发突发性山体滑坡，属坡顶陡崖区发生崩塌，崩塌体横宽约 100 米，高约 60 米，平均厚度约 6 米，崩塌体方量约 5 万立方米，崩积体崩落至中部斜坡区后，崩积物强大的冲击力运动至中下部陡坡区刮铲表层土体形成崩滑碎屑流冲击至坡脚，总方量约 7 万立方米。崩滑碎屑流导致下方房屋倒塌，崩塌区与居民区高差约 150 米。

灾害发生后，应急管理部启动地质灾害二级应急响应、自然资源部启动地质灾害防御Ⅱ级响应、国家防灾减灾救灾委员会办公室启动国家四级救灾应急响应、云南省减灾委员会启动三级救灾应急响应。

2024 年 1 月 25 日晚，搜救工作结束，44 名失联人员已全部被搜救出来，均已遇难。

一、地震

1. 地震成因

地震是地壳局部破裂或相对运动，产生地震波，从而在地面一定范围内引起震动的

一种自然现象。地球上板块与板块之间相互挤压碰撞，造成板块边沿及板块内部产生错动和破裂，是引起地震的主要原因。

2. 震级划分

（1）弱震震级小于 3 级。如果震源不是很浅，这种地震人们一般不易觉察。

（2）有感地震震级等于或大于 3 级、小于或等于 4.5 级。这种地震人们能够感觉到，但一般不会造成大的破坏。

（3）中强震震级大于 4.5 级、小于 6 级。属于可造成大的破坏的地震，但破坏轻重还与震源深度、震中距离等多种因素有关。

（4）强震震级等于或大于 6 级。其中震级大于等于 8 级的又称为巨大地震。

3. 震前预兆

（1）动物异常。据不完全统计，在震前有异常的动物有几十种，空中飞的、地上跑的、水中游的都有。动物异常行为表现有：烦躁、惊慌、不安、活动反常、不吃食、不进圈，有的萎靡不振、表情傻呆。动物异常出现的时间多集中在震前几分钟至两三天，以震前一天反应居多，震中区最为明显。

（2）植物异常。震前植物异常现象与气温、地温变化有一定的关系。表现为：在冬季，果树开花、重果，竹子开花，竹笋发芽，树干裂缝，提前发芽长叶；在夏季，成熟南瓜重新开花，含羞草、榕花树叶子开合时间反常等。

（3）气象异常。临震的气象异常种类繁多，形式多变，主要包括震前风、霜、云、雨、雹、雪、声、光、气压、地温、气温、旱涝、日月光象等。这些异常现象一般在震前几秒钟、几分钟至几天出现。发现这种异常，应立即采取措施做好防震准备，并及时报告有关部门。

（4）地下水异常。地震发生在地下，地下水埋藏于地层之中，地震前应力的变化会引起地下水位的上升、下降，井水翻花、冒泡、打漩、发浑、发响、变温、变味、浮油花或化学成分发生变化等，都可能是震前的异常现象。

4. 应急避险

（1）可能产生的伤害。

直接伤害：在室内因器物倾倒或房屋倒塌被砸伤；在室外被倒塌的建筑物等砸伤；在野外被山上的滚石砸伤；被地光烧伤。

间接伤害：地震引起的火灾；地震引起的水灾；地震引起的毒气泄漏；地震引起的危险品爆炸。

（2）避震原则。

一要因地制宜，不要墨守成规；二要行动果断，不要犹豫不决；三在公共场所要听从指挥，不要擅自行动。

（3）避震要点。

①震时就近躲避，震后迅速撤离到安全的地方，是应急避震较好的办法。这是因为，震时预警时间很短，人又往往无法自主行动，再加之门窗变形等，从室内跑出十分困难；如果是在高层大楼里，跑出来更几乎是不可能的。但若在平房里，发现预警现象早，室外比较空旷，则可力争跑到室外避震。

②躲在室内结实、不易倾倒、能掩护身体的物体下或物体旁，或躲进厨房、卫生间等空间小、有支撑的地方；在室外要远离建筑物，躲在开阔、安全的地方。

③应趴下，使身体重心降到最低，脸朝下，不要压住口鼻，以利呼吸；蹲下或坐下时，尽量蜷曲身体；抓住身边牢固的物体，以防摔倒或因身体移位，暴露在坚实物体外而受伤。

④低头，用手护住头部和后颈，有可能时，用身边的物品，如枕头、被褥等顶在头上以保护头颈部；闭眼，以防异物伤害眼睛；如有可能，可用湿毛巾捂住口、鼻，以防灰土、毒气。

⑤不要随便点明火，因为空气中可能有易燃易爆气体。

⑥要避开人流，不要乱挤乱拥。无论在什么场合，街道上、公寓、学校、商店、娱乐场所等，均如此。因为拥挤不但不能脱离险境，反而可能因跌倒、踩踏、碰撞等而受伤。

二、其他常见地质灾害

1. 泥石流

（1）什么是泥石流？

泥石流是暴雨、洪水裹挟土质山体崩解的大量泥沙、碎石后形成的洪流，它的面积、体积和流量都较大。滑坡是部分山体整体或分散地向下滑动的现象。

泥石流是一种灾害性的地质现象，通常暴发突然、来势凶猛，可携带巨大的石块。因其高速前进，具有强大的能量，因而破坏性极大。

（2）遇到泥石流或山体滑坡时的逃生办法。

遇到泥石流或山体滑坡灾害，脱险逃生的办法有：

①如果在山谷中遭遇大雨，发现山谷有异常的声音或听到警报时，一定要设法从房

屋里出来，跑到开阔地带，防止被埋压。

②要立即向坚固的高地或泥石流的旁侧山坡跑去，不要在谷地停留。

③要立即向与泥石流前进方向垂直的山坡上爬，爬得越高越好，跑得越快越好，绝对不能顺着泥石流的流动方向移动。发生山体滑坡时，同样要向垂直于滑坡的方向逃生。

2. 崩塌

（1）什么是崩塌？

崩塌是指较陡斜坡上的岩土体在重力作用下突然脱离母体而崩落、滚动、堆积在坡脚（或沟谷）的地质现象。崩塌会使建筑物，有时甚至使整个居民点遭到毁坏，使公路和铁路被掩埋。崩塌不仅可以摧毁建筑物，更会切断公路、铁路交通，给后续的救援工作造成障碍。

（2）发生崩塌的前兆。

崩塌发生前一般会有以下前兆：

①崩塌体后部出现裂缝。

②崩塌体前缘掉块、土体滚落、小崩塌等不断发生。

③坡面出现新的破裂变形，甚至小面积土石剥落。

④岩质崩塌体偶尔发生撕裂声和摩擦声。

（3）发生崩塌时的避险知识。

发现山体崩塌前兆时，必须注意如下几点：

①不能心存侥幸，千万不能有“也许崩塌不会发生”的想法，要及时远离并通知周围的居民、游客远离。

②崩塌即将发生或正在发生时，首先撤离人员，千万不要立即进行排土、清理水沟等作业，待灾情稳定以后再做处理。

③大雨停后，5 至 7 天内仍有可能发生崩塌灾害。因此，人员撤出后，即使崩塌没有发生，也不要急着搬回去居住。

知识考核

选择题

1. 当地震发生时，如果你正在教室上课，应（　　）。

A. 向教室外跑

B. 听老师指挥，先就地避震，看情况决定继续就地避震或疏散撤离

C. 蹲在地上

D. 涌向楼梯间

2. 当地震发生时，你在高层住宅楼的家里，应（　　）避震。

A. 躲在桌子等坚实家具的下面，房屋倒塌后能形成三角空间的地方

B. 跳楼

C. 去楼道

D. 原地不动

第四节 掌握急救技巧

案例分享

2022 年 4 月 6 日 7 时 50 分，四川省宜宾市兴文县发生 5.1 级地震，监控拍下了该县某中学师生整齐避险并有序撤离的画面。副校长杨老师称，地震时同学们正在上早自习，当警铃响起后，学生第一时间蹲到课桌下避险，之后在老师指导下有序撤离到操场，全校安全撤离共用时约 2 分 40 秒。师生面对地震冷静处置，得益于他们每周一次的地震演习。

一、地震发生时的应急避震高招

1. 若政府已发布地震短临预报，家庭应做哪些震前准备工作

撤离易损易倒老旧房屋；选好相对安全的避震空间；清除床下、桌下、楼道杂物以利避震和疏散；将高大家具与墙体锚固一起，以免震时倾倒伤人；取下高架重物和阳台围栏上的花盆杂物以免震时掉下砸人；将有毒、易燃、易爆物品搬到室外；将卧床移离窗户旁、大梁下；准备防震包；开一次家庭防震会讨论和确定避震方案。

2. 防震包内应准备什么物品

应准备食品、水、常用药品、手电、手机及铁锤等小型工具。

3. 地震时，为防止次生灾害的发生，城镇居民首先要做的是什么

应该切断电源、燃气源，防止火灾发生。

4. 地震时，人员疏散应避开哪些地方

应该避开高大建筑物、窄小胡同、高压线、变压器、陡坡、河岸边。

5. 地震时的应急防护原则是什么

震时就近躲避，震后迅速撤离到安全的地方是应急防护的较好办法。所谓就近躲避，就是要因地制宜，根据不同情况采取不同对策。

6. 地震发生时，在家中如何进行个人防护

在家中要就地避险，不可贸然外逃。可选择较安全的位置（如床下、桌子底下）躲避；在单元楼内，可选择开间小的卫生间、储藏室及墙角躲避；同时，要关闭电源、煤气，熄灭炉火，防止发生火灾和煤气泄溢；高层住户向下转移时，应走安全通道，不要乘电梯，更不要从窗口跳出。地震发生后，可利用两次地震之间的间隙迅速撤离。

7. 地震发生时，在室外如何进行个人防护

人要待在开阔的地方，远离高大建筑物、高压线；在山坡上不能跟着滚石往下跑；要远离陡崖，防止滑坡、泥石流的威胁。

8. 地震发生时，在工作岗位上如何进行个人防护

在办公室内要赶紧藏在办公桌下，震后迅速撤离；正在上班的工人，要立即关闭机器，切断电源，然后迅速躲在安全处。对于特殊的工作岗位（如电厂、燃气厂、钢厂等），应按地震应急预案中规定的专门操作程序运作。

9. 地震发生时，在公共场所如何进行个人防护

在影剧院、体育场馆，演出或比赛要立即停止，观众应躲在排椅下、舞台脚下，震后在工作人员组织下有秩序地分路疏散，防止慌乱、拥挤。

10. 如果住平房遇到地震，该如何逃生

住平房避震，要求行动果断，就近躲避。紧急外出时，切勿往返，如果处于房门附近，室外无障碍，无危房或狭巷，可立即跑到室外，已经冲到室外的人，在短时间内，不要急于返回室内；要远离高大建筑物、窄巷、大烟囱、水塔、高压线、变压器，及时转移到空旷安全的场地，也要避开桥梁、陡崖、滚石地带。来不及跑出时，要迅速贴床沿趴下，脸朝下，头靠近山墙，两只胳膊在胸前相交，右手正握左臂，鼻梁上方、两眼之间的部位枕在臂上，闭上眼、嘴，用鼻子呼吸。这样地震时即使房屋倒塌，由于有残墙和家具支撑，也有可能免于伤亡或窒息。

11. 在高层楼房内的人在地震时如何防护

发生地震时要避免接近玻璃窗，最好把被子顶在头上；选择落下物、倒塌物少的空间，屈身蹲下等待地震平息，谨防吊灯摇摆撞破玻璃窗时散落的玻璃碎片的伤害。居住在高层楼房的人要熟悉安全通道、安全门。要掌握好楼梯状况，随时做好脱险的准备。撤离时不使用电梯，以防因停电被困于电梯内或发生其他意外事故。

12. 在商场遇地震时如何防护

在商场遇到地震时，要保持镇静。由于人员慌乱，商品下落，可能使避难通道阻塞。此时，应躲在近处的大柱子和大件商品旁边（避开商品陈列橱）或朝着没有障碍的通道躲避，然后屈身蹲下，等待地震平息。处于楼上位置，原则上向底层转移为好，但楼梯往往是建筑物抗震的薄弱部位，因此，要看准脱逃的合适时机。商场工作人员应组织群众就近躲避，然后安全撤离。

13. 学校人员应如何避震

地震时最需要的是学校领导和教师的冷静与果断，有长期地震预报的地区，教师平时应结合教学活动，向学生们讲授地震和防震抗震知识。震前，要安排好学生转移、撤离的路线和场地；震后，要沉着地指挥学生有秩序撤离。在比较坚固、安全的教室里，可以避在课桌下、讲台旁，绝不可让学生乱跑或跳楼。

14. 地震发生时在街上走，如何避震

地震发生时，高层建筑物的窗玻璃碎片和大楼外侧混凝土碎块以及广告招牌、霓虹

灯架等，可能会掉下伤人。因此地震时在街上走，最好将身边的皮包或柔软的物品顶在头上，无物品时也可用手护在头上，尽可能做好自我防护，保持镇静，迅速远离电线杆和围墙，跑向比较开阔的地方躲避。

15. 地震发生时正在行驶的车辆应如何应急

（1）司机应尽快减速，逐步刹闸。

（2）乘客（特别是在火车上）需用手牢牢抓住拉手、柱子或座席等，并注意防止行李从架上滑下伤人。面朝行车方向的人，要将胳膊靠在前座席的椅垫上，护住面部，身体前倾，两手护住头部。背朝行车方向的人，要用两手护住后脑部，并抬膝护腹，紧缩身体。

16. 地震时遇有毒气体扩散如何避险

首先要弄清风向，朝上风处避难。避难场所尽量选择在安全处。行动时，要用湿毛巾或手帕捂住口、鼻。

17. 在户外如何避震

如果在野外，应躲避山崩、滑坡、泥石流。遇到山崩、滑坡，要垂直于滚石前进方向跑，切不可顺着滚石方向往山下跑；也可躲在坚实的障碍物下，或蹲在地沟、坎下，特别要保护好头部。如果在城区，选择开阔地避震，避开过街桥、立交桥，避开高大建筑物。

二、地震中的自救互救

1. 地震被埋压时的自救

地震后，往往还有多次余震发生，处境可能继续恶化，为了免遭新的伤害，要尽量改善自己所处环境。此时，如果应急包在身旁，将会对脱险起很大作用。

自救步骤如下：

（1）保持呼吸畅通，尽力活动手脚，清除压在身上的物件。

（2）用湿毛巾、衣服或其他布料等捂住口鼻和头部，以防烟尘呛闷。

（3）有条件时，尽量朝宽敞、有光亮的地方移动，在周围安静时或能听到上面（外面）有人说话时，应敲击器物出声，或打开手机、手电，向外界传递信息。

（4）无力脱险时，尽量节省力气，要静卧，保持体力，等待救援。

如果受伤，要想办法包扎伤口，避免流血过多。如果被埋在废墟下的时间比较长，救援人员未到或者没有听到呼救信号，就要想办法维持自己的生命。防震包中的水和食品一定要节约使用，尽量寻找更多的食品和饮用水。

2. 地震发生后的施救方法和施救步骤

地震发生后，外界救灾队伍不可能立即赶到现场。在这种情况下，为使更多被埋压在废墟下的人员获得拯救，灾区群众积极投入互救是最及时、最有效的办法。如果抢救及时，获救的希望就大。施救方法如下：

（1）应根据震后环境和条件的实际情况，采取行之有效的施救方法，将被埋压人员安全地从废墟中救出来。通过了解、搜寻，确定废墟中有人被埋压后，判断其埋压位置，以向废墟中喊话或敲击等方法传递营救信号。

（2）营救过程中，要特别注意埋压人员的安全。一是使用的工具（如铁棒、锄头、棍棒等）不要伤及埋压人员；二是不要破坏被埋压人员所处空间周围的支撑条件，避免引起新的垮塌，使埋压人员再次遇险；三是应尽快让被埋压人员的封闭空间打开，使新鲜空气流入，挖扒中如尘土太大，应喷水降尘，以免被埋压者窒息；四是埋压时间较长，一时又难以救出，可设法向被埋压者输送饮用水、食品和药品，以维持其生命。

（3）在进行营救行动之前，要有计划、有步骤，哪里该挖、哪里不该挖、哪里该用工具、哪里该用机器都要有所考虑。在营救过程中要有准确的分析和行动，才能收到好的营救效果，盲目行动往往会给营救对象造成新的伤害。

3. 挖掘被埋压人员时，应掌握什么原则

（1）先易后难。

（2）先近后远。

（3）先挖活人，后挖死者。

（4）尽可能地先挖轻伤员、青壮年以及医务工作者，以增加帮手。

（5）对于被压埋程度浅、伤势不重的人员，可先将头、胸露出后，暂时放置，先急救周围的其他被埋压者。

总原则是争取时间，扩大战果，最大限度地减少由于挖掘失误造成的伤亡。

4. 如何寻找被埋压者

（1）找熟悉情况的人指点。

（2）按照当地居住习惯或在门窗附近寻找。

（3）喊话联系以及与被埋压者敲击器物联络。

（4）俯身趴在废墟上面仔细听。

（5）尽可能借助一切有效的工具或手段。

（6）有组织地分片分户包干，彻底寻找。

5. 在挖掘被埋压者时，应遵循什么样的施救步骤和护理方法

施救步骤如下：

（1）确定头部位置，先将头部露出，并设法将呼吸道的堵塞物排除，以保证其呼吸畅通。

（2）上肢。

（3）下肢。

（4）在无法确定伤情之前，绝对禁止强力牵拉四肢。

（5）切忌因救人心切，忽略上下左右的环境，伤害其他未被挖救者。

对饥渴、受伤、窒息较严重，埋压时间较长的人员，救出后要用深色布料蒙上其眼睛，避免强光刺激；对伤者，根据受伤轻重程度，采取包扎措施或送医疗点抢救治疗。

6. 抢救埋压窒息伤员的人工呼吸方法

口对口吹气法，仰卧压胸法，心脏按压术，针刺疗法，这几种方法可以交替进行。

7. 常用的人工简易止血方法

指压止血法，加压止血法，止血带止血法。

8. 创伤现场急救技术

止血、包扎、固定、搬运。

9. 怎样救护脊椎受伤人员

（1）在挖掘伤员时，只要伤员的颈、脊椎、腰剧痛，均可按脊柱伤员处理。

（2）挖掘时，绝不可用力牵拉未完整露出的上肢或下肢，以免加重骨折错位。

（3）搬运时避免脊柱的弯曲和扭转。用硬板担架搬运，最好将伤员固定，绝对禁止一人抬肩、一人抬腿的错误搬运方法。

10. 震后救人时，对处于黑暗、窒息、饥渴状态下埋压过久的人应如何护理

正确的护理方法是蒙上眼睛救出来，慢慢让其恢复正常的呼吸、进食功能。

三、雷击后的急救

遭雷击后可通过人工呼吸和胸外心脏按压等方法进行急救。

被雷击中者通常会发生心脏停搏、呼吸停止的现象，这可能是一种雷击“假死”的现象，要立即做现场抢救。抢救雷击伤员时，应首先救治濒临死亡者。施救的人首先要注意安全。事发地有招雷因素，应将伤员转移到安全环境后，第一时间做心肺复苏，边做边拨打 120 急救电话，坚持到救护人员到来。有些人错误地认为，被雷击中的人体内还有电，而不敢去触摸，导致错过最佳抢救时间。

一般抢救时间不得少于 60～90 分钟，直到被雷击中者恢复呼吸、心跳，或确诊已无生还希望时为止。现场抢救最好能由两人分别施行口对口人工呼吸及胸外心脏按压，以 1∶5 的比例进行，即人工呼吸 1 次，心脏按压 5 次。如现场抢救仅有 1 人，用 15∶2 的比例进行胸外心脏按压和人工呼吸，即先做胸外心脏按压 15 次，再口对口人工呼吸 2 次，如此交替进行。抢救一定要坚持到底。

此外，要注意给伤者保温。若有狂躁不安、痉挛抽搐等症状时，还要为其做头部冷敷处理。对雷电灼伤的局部，在急救条件下，只需保持干燥或包扎即可。雷击还可能使伤者的衣服着火，如果伤者衣服着火，马上让他躺下，使火焰不致烧及面部，也可往伤者身上泼水，或者用厚外衣、毯子把伤者裹住以扑灭火焰。先用冷水冷却伤处，然后再用干净布块包扎，送医院治疗。

雷电冲击截波对人体的伤害是迟发性的。遭受雷击后，即使自我感觉没事，也最好去医院做检查，确认是否有内脏、骨骼损伤。

四、暴雨过后预防传染病

暴雨过后，由于天气潮湿，细菌易滋生。另外，水灾过后，水源易遭到污染，食物

容易变质，再加上一些人员接触污水的机会增多，因此各类传染病极易传播。暴雨过后可能大面积传播的传染病有伤寒、霍乱、钩端螺旋体病、血吸虫病、甲肝、戊肝、细菌性痢疾、“红眼病”、皮肤癣病等。

面对暴雨、洪水带来的生活环境恶化、环境污染严重、传染病容易流行等问题，必须采取强有力措施，严防传染病的暴发流行。其中，改善住宿条件和饮食饮水卫生是当务之急。具体防治措施包括：

（1）治理环境卫生，严防水体污染。及时清理倒塌房屋，在清理垃圾、粪便等之前，要先进行清洁和消毒，严禁接触各种污染水体，做到不喝生水。在被洪水围困期间，要加强对水体污染的监测和管理。政府环保部门要根据当地气象特征、水文条件和污染源排污情况，制定水污染事故应急预案。对于被洪水淹没、污染的水源或蓄水池，应立即清理修复，重新蓄水后做一次彻底消毒，并清除周围50米以内的厕所、粪坑、垃圾以及动物尸体等污染物。建立水源保护制度，设岗看管。凡被洪水淹没、污染的水源和蓄水池，卫生防疫部门要对水质进行检测；凡严重污染者，一律封闭，待彻底处理后方可使用。对浑浊的水源要加入硫酸铝、明矾、三氯化铁等使水中带负电荷的硅、腐殖微粒互相吸引而下沉；可用漂白粉或碘酊对饮用水予以消毒。

（2）做好自我防护。大范围开展灭蚊、灭蝇和灭鼠工作，清除蚊蝇孳生地。同时，要加强自我防护，搭建防蚊帐，涂抹驱蚊剂。尽量不赤足接触江河湖水，下田劳动要穿田靴、戴防护手套，以避免感染钩端螺旋体病、血吸虫病等。血吸虫流行区口服吡喹酮，可预防血吸虫病；口服多西环素或土霉素，可预防霍乱及副霍乱；注射钩端螺旋体疫苗，可预防钩端螺旋体病等。同时要避免过度疲劳，要有足够的睡眠，以筑起体内免疫屏障。

（3）注意食品卫生，严格做到“十不”，杜绝“病从口入”。不吃淹死或死因不明的家禽家畜肉；不吃腐败变质的食品；不吃霉变的食物和糕点；不使用污水洗瓜果、碗筷；不喝生水；不将生熟食品混在一起；不搞集聚和野餐活动；不用脏水漱口；不吃生冷食品或凉拌菜；不共用毛巾和牙刷。除注意饮食以外，最好每餐都吃醋和蒜，既能增加胃内酸度，又能增强胃肠道的防御能力，在吃凉拌菜时，更不要忘记加些醋和蒜。

（4）积极做好卫生宣教工作，普及防病抗病知识。实践证明，一些灾区之所以疾病流行，在很大程度上与人们对疾病预防工作认识不到位或大灾过后的麻痹松懈有关。因此，要做到防患于未然，当地医务人员和防疫工作者要深入灾区开展群众性健康教育活动，普及防病知识，实行集体预防和个人预防相结合、主动预防与被动免疫相结合，让灾区人民提高防病意识，自觉主动地采取防范措施，养成良好的卫生习惯，提高自我保健和防护能力。

（5）防疫部门要做好洪水过后的消毒、杀虫、灭鼠等工作指导，提供药品、器械和技术指导。常用消毒药品有二氯异氰尿酸钠、漂白粉、净水片等，常用杀虫药品有残杀威、马拉硫磷、氯氰菊酯、氯硝柳胺等。灭鼠则可以采用鼠夹、鼠笼、溴敌隆毒饵、粘鼠板等。常用的喷雾器械有各类背负式机动喷雾机、手提气压式喷雾器、热烟雾机、车载式超低容量喷雾机、飞机超低容量喷雾装置、大面积车载喷粉机等。

（6）加强疫情监测和医学观察。坚持早发现、早报告、早隔离、早治疗，把疫情控制在萌芽之中。注意各种传染病的发生及流行趋势、疫情动态，及时报告传染病和可疑传染病，严格隔离制度。参加抗洪的人员离开灾区后，要对他们进行医学观察，观察时间要超过传染病的潜伏期。

五、中暑及其防护

中暑是人体在高温和热辐射的长时间作用下，肌体体温调节出现障碍，水、电解质代谢紊乱及神经系统功能损害的总称，是热平衡功能紊乱而引发的一种急症。根据临床表现的轻重，中暑可分为先兆中暑、轻症中暑和重症中暑，它们之间是渐进的。

（1）先兆中暑。高温环境下，出现头痛、头晕、口渴、多汗、四肢无力发酸、注意力不集中、动作不协调等症状，体温正常或略有升高。

处理：患者及时离开高温环境，转移到阴凉通风处，补充水和盐分。

（2）轻症中暑。体温往往在38℃以上，除头晕、口渴外，往往有面色潮红、大量出汗、皮肤灼热等表现，或出现四肢湿冷、面色苍白、血压下降、脉搏增快等现象。

处理：患者立即离开高热环境，解开衣扣，补充水和盐分，及时去医院就诊。

（3）重症中暑。顾名思义，是中暑情况最严重的一种，如不及时救治会危及生命。这类中暑又可分为四种类型：热痉挛、热衰竭、日射病和热射病。

处理：患者立即离开高热环境，及时到医院就诊。

六、面对海啸的自救

1. 海啸来了怎么办

（1）感觉到危险，马上避难。

（2）逃离海岸，越高的地方越安全。

（3）即使感觉到较小的摇晃，也不能犹豫。

（4）警报解除以后不要靠近海岸。

（5）不要听信谣言，根据正确的信息采取行动。

2. 海啸带来的伤害和救护的手段

海啸是海底地震或海底火山爆发引起的水体震动。在太平洋深水区，海啸的传播速度为每小时804.67千米。海啸呈现的形式是一系列的水波，间隔15分钟至1小时以上，其中第3至第8个波是最大的。一般情况下，第1个波类似巨浪，袭上岸时可带来许多海鱼，景象也很壮观。人们往往对此景象着迷，错误地走向岸边，而不是向相反方向撤离，因此，当海啸巨波再次涌来时已来不及躲避。海啸发生的最早信号是地面强烈震动，沿岸居民发现海面显著下降或巨浪袭来时，应尽快撤离。一旦落水，应尽可能寻找漂浮物，同时，要设法避开其他漂浮物，以防被撞击。落水者应尽可能保存身体能量，采取仰卧位，尽量减少动作，能浮于水面即可，不要举手或挣扎，举手或挣扎会导致身体下沉。如水温很低，不可脱衣，除了为接近高处、船只、救生人员或抓靠物体外，不要游泳，以保存足够的体力。在炎热气候下，落水者干渴时，切不可饮海水，海水不但不解渴，反而致人出现幻觉、精神失常甚至死亡。落水者应尽可能靠拢在一起，以便互相鼓励、互救及易于被发现。互救时要防止溺水者紧抱缠身，如被紧抱应放手自沉，使溺水者离开后再施救。长时间海水浸泡会使人体温下降，因此落水者被救后，应尽快将其放入40℃左右的温水中，使全身被温水浸泡而迅速复温，不要采用局部加热按摩的办法，更不能给落水者喝酒，那样只会使体温散失得更快。

给落水者喝热糖水，能增加体内热量。对于溺水者，应清除鼻内杂物，将其腹部置于救护者屈膝的大腿上，按压其背部，将水倒出。如呼吸停止，应进行人工呼吸。如心跳停止，则人工呼吸与胸外心脏按压同时进行，不能只急于控水。人工呼吸往往要做几小时，直至溺水者自主呼吸和心脏功能恢复或出现尸斑确已死亡为止。落水者若有其他创伤，应采取止血、包扎、固定等急救措施，重者需急送医院。

知识考核

选择题

1. 地震时，为防止次生灾害的发生，城镇居民首先要做的是（　　）。

A. 迅速撤离到开阔地带　　B. 切断电源、燃气源

C. 躲在桌子下　　D. 拨打紧急救援电话

2. 地震发生时，在商场中应该（　　）。

A. 立即冲出商场

B. 躲在近处的大柱子或大件商品旁边

C. 乘电梯迅速逃离

D. 跑到玻璃窗前等待救援

3. 地震被埋压时，可通过（　　）向外界传递信息。

A. 大声呼喊　　B. 敲击器物发出声音

C. 不断挥动手臂　　D. 等待救援人员主动发现

4. 在挖掘被埋压人员时，应遵循的原则不包括（　　）。

A. 先易后难　　B. 先挖重伤员

C. 先近后远　　D. 先挖活人，后挖死者

5. 台风过后，家庭受淹后消毒时，常用的消毒剂和消毒方式不包括（　　）。

A. 漂白粉　　B. 酒精

C. 漂精片　　D. 煮沸

6. 雷击后施救的首要原则是（　　）。

A. 先确认伤者体内是否带电，再实施抢救

B. 立即转移至安全环境，启动心肺复苏并拨打急救电话

C. 等待医护人员到场后再处理

D. 优先处理伤者衣物着火问题

7. 暴雨后预防传染病的关键措施中，以下属于“十不”原则的是（　　）。

A. 不喝生水，不使用污水清洗餐具

B. 不接触污水，避免感染钩端螺旋体病

C. 不开展灭蚊蝇工作，避免化学污染

D. 不共享毛巾和牙刷，但可共用餐具

8. 雷击后即使暂时无症状，也应采取的措施是（　　）。

A. 立即进行剧烈运动以恢复体力

B. 自行观察 24 小时，无须就医

C. 前往医院检查内脏和骨骼损伤

D. 饮用大量冷水降温

参考文献

[1] 闫黎栋，雷晓华，刘玉静，等. 中职生安全教育 [M]. 北京：中国人民大学出版社，2024.

[2] 郭媛. 大学生安全教育 [M]. 北京：中国人民大学出版社，2024.

[3] 冯继轩，李万泉，顾海林. 中职生安全教育 [M]. 北京：中国人民大学出版社，2024.

[4] 李京辉，于蓉，张丽君. 安全教育 [M]. 天津：天津科学技术出版社，2023.

[5] 车绪武，祝和意. 安全教育 [M]. 西安：西北大学出版社，2023.

[6] 姜永姝. 中职生安全教育 [M]. 长沙：中南大学出版社，2022.

[7] 霍永旺. 安全教育 [M]. 2版. 北京：中国劳动社会保障出版社，2022.

[8] 钟勇进，杨锦宾，章平. 中职生安全教育 [M]. 湘潭：湘潭大学出版社，2022.

[9] 蒲自国，黄东，马小乐. 安全教育教程 [M]. 北京：中国原子能出版社，2021.

[10] 邓廷奎. 中职生安全教育 [M]. 北京：北京理工大学出版社，2023.

[11] 黄从荣，刘佳，何红，等. 中职生安全教育 [M]. 北京：中国人民大学出版社，2022.

[12] 王晓泉，刘芳英，王新颖，等. 中职生安全教育读本 [M]. 北京：中国人民大学出版社，2020.